StauFFenburg
Einführungen

Angelika Wöllstein-Leisten
Axel Heilmann / Peter Stepan
Sten Vikner

Deutsche Satzstruktur

Grundlagen der
syntaktischen Analyse

**STAUFFENBURG
VERLAG**

Die Deutsche Bibliothek – CIP-Einheitsaufnahme

Deutsche Satzstruktur : Grundlagen der syntaktischen Analyse /
Angelika Wöllstein-Leisten ... – Tübingen : Stauffenburg-Verl., 1997
(Stauffenburg-Einführungen)
ISBN 3-86057-272-5

© 1997 · Stauffenburg Verlag Brigitte Narr GmbH
Postfach 25 25 · 72015 Tübingen

Das Werk einschließlich aller seiner Teile ist urheberrechtlich geschützt.
Jede Verwertung außerhalb der engen Grenzen des Urheberrechtsgesetzes ist ohne
Zustimmung des Verlages unzulässig und strafbar.
Das gilt insbesondere für Vervielfältigungen, Übersetzungen, Mikroverfilmungen und die
Einspeicherung und Verarbeitung in elektronischen Systemen.
Gedruckt auf säurefreiem und alterungsbeständigem Werkdruckpapier.

Einbandgestaltung: Alfred Krugmann, Stuttgart
Satz: Cornelius Wittke, Kusterdingen
Druck: Gulde-Druck GmbH, Tübingen
Verarbeitung: Gogl, Reutlingen
Printed in Germany

ISSN 0948-3365
ISBN 3-86057-272-5

Inhalt

Vorwort 1

Verzeichnis der Abkürzungen 7

1. Einführung 9
   1.1 Grammatikbegriff 9
   1.2 Präskriptive oder deskriptive Grammatik? 10

2. Grundbegriffe der Konstituentenstruktur 11
   2.1 Konstituentenbegriff 11
   2.2 Konstituententests 12
      2.2.1 Permutation 12
      2.2.2 Pronominalisierung 14
      2.2.3 Fragetest 14
      2.2.4 Substitution 15
      2.2.5 Tilgung 16
      2.2.6 Reduktion 16
      2.2.7 Koordination 17
   2.3 Strukturelle Ambiguitäten 17
   2.4 Diskontinuierliche Konstituenten 18

3. Syntaktische Kategorien 19
   3.1. Kategorien und Funktionen 19
   3.2 Lexikalische Kategorien – Wortarten 20
      3.2.1 Distributionelle und morphologische Eigenschaften 20
      3.2.2 Beispiele lexikalischer Kategorien 22
   3.3 Phrasale Kategorien 26
      3.3.1 Phrasenkategorien und Komplementverteilung 27
      3.3.2 Phrasenkategorie 'Satz' 32

4. Syntaktische Funktionen 35
4.1 Satzglieder und Satzgliedfunktionen 35
4.1.1 Definition 35
4.1.2 Subjekt 35
4.1.3 Akkusativobjekt / direktes Objekt 36
4.1.4 Dativobjekt / indirektes Objekt 36
4.1.5 Genitivobjekt 38
4.1.6 Präpositionalobjekt 39
4.1.7 Adverbial 39
4.1.8 Prädikativ 41
4.1.9 Attribut 41
4.2 Zuordnung der Satztypen zu Satzarten 44
4.2.1 Deklarativsätze 45
4.2.2 Interrogativsätze 45
4.2.3 Imperativsätze (Aufforderungssätze) 46
4.2.4 Exklamativsätze 46
4.2.5 Konditionalsätze 46
4.2.6 Wunschsätze 46
4.3 Grammatische Funktionen von Sätzen 46
4.3.1 Subjektsätze (mit und ohne Korrelat) 47
4.3.2 Objektsätze (mit und ohne Korrelat) 47
4.3.3 Attributsätze 47
4.3.4 Adverbialsätze 49

5. Topologische Grundbegriffe 53
5.1 Felderanalyse 53
5.2 Felderinhalte 56
5.2.1 Koordinations- / Parordinationsposition 56
5.2.2 Vor-Vorfeld – Linksversetzung 56
5.2.3 Wackernagelposition (WP) 57
5.2.4 Abfolgetendenzen im Mittelfeld 57
5.2.5 Nachfeldbesetzung 63

6. Die Abfolge in der rechten Satzklammer 65
- 6.1 Das System der Supina 65
- 6.2 Statusrektion 67
- 6.3 Statuskongruenz 69
- 6.4 Der Aufbau der rechten Klammer 70
- 6.5 Ersatzinfinitiv 71
- 6.6 Zusammenfassung 73

7. Tempus und Modus 77
- 7.1 Die Formen 77
- 7.2 Indikativ und Konjunktiv 80
  - 7.2.1 Indikativ 81
  - 7.2.2 Konjunktiv 81
- 7.3 Tempus 83
  - 7.3.1 Präsens 84
  - 7.3.2 Präteritum 84
  - 7.3.3 Futur 85
  - 7.3.4 Perfekt 85
  - 7.3.5 Plusquamperfekt 86
  - 7.3.6 Futur Perfekt 87
  - 7.3.7 Futur Präteritum 89
  - 7.3.8 Futur Plusquamperfekt 89
- 7.4 Imperativ 92

8. Argumentstruktur 95
- 8.1 Passivbildung 95
- 8.2 Externalisierung 97
- 8.3 Designierte und nicht-designierte Argumente 98
- 8.4 Eigenschaften ergativer Verben 100
  - 8.4.1 Perfektbildung mit *sein* 101
  - 8.4.2 Attributiv gebrauchtes Perfektpartizip mit Subjektsbezug 101
  - 8.4.3 Unpersönliches Passiv 102
  - 8.4.4 Direktional- und Resultativprädikation 102

8.4.5　-er-Nominalisierung 103
　　　8.4.6　Komplexes Vorfeld 103
　8.5　Bemerkungen zur Auxiliarselektion 104

9. Pronomina 107
　9.1　Pronominaltypen 107
　9.2　Funktionen von es 108
　　　9.2.1　es als Pronomen 109
　　　9.2.2　es als Platzhalter im Vorfeld 109
　　　9.2.3　es als Korrelat 110
　　　9.2.4　es als formales Subjekt/Objekt 111
　9.3　Koreferenz nominaler Ausdrücke 112
　　　9.3.1　Referentielle Ausdrücke 112
　　　9.3.2　Personal- und Possessivpronomina 113
　　　9.3.3　Reflexiva 114
　9.4　Das Subjekt in zu-Infinitiven 115

Übungen 117

Literaturverzeichnis 125

Index 129

Vorwort

Diese Einführung bietet eine solide Grundlage für die Beschäftigung mit der deutschen Syntax und ihren zentralen Fragestellungen. Die Einführung soll dazu beitragen, den grammatischen Blick für den inneren Aufbau syntaktischer Strukturen zu schärfen. Sie soll weder als eine weitere allgemeine Einführung in die Linguistik verstanden werden, noch als ein Kurzdurchmarsch durch die deutsche Grammatik, auch wenn vieles im dargebotenen Stoff vielleicht darauf hinzudeuten scheint.

Wir haben in dieser Einführung bewußt darauf verzichtet, ausschließlich einer grammatischen Theorie den Vorrang zu geben und die eingeführten Begriffe und Phänomene auf nur einen Theorierahmen zuzuschneiden. Der Leser sollte die Möglichkeit bekommen, schnell und übersichtlich die wichtigsten Beschreibungsinstrumente und Phänomenbereiche der Grammatik zu erschließen, soweit er noch nicht mit den Grundlagen der syntaktischen Analyse vertraut ist.

Bei genauer Betrachtung des Aufbaus wird man jedoch erkennen, daß die einzelnen Bereiche des Buches von jeweils verschiedenen Grammatiktheorien beeinflußt sind und wir uns ihrer Methoden insoweit bedient haben, wie es für eine möglichst sinnvolle Darstellung der Grundzüge der deutschen Syntax nötig schien.

Es ist überflüssig, darauf hinzuweisen, daß wir ebenfalls, schon aus Gründen der allgemeinen Verständlichkeit, auf Begriffe der traditionellen, normativen Lateingrammatik zurückgreifen, die prinzipiell von einer zweigliedrigen Satzstruktur mit Subjekt und Prädikat ausgeht und als Satzteile außer den beiden genannten noch Objekte, Adverbiale und Attribute kennt, dazu die Wortarten und die Flexionskategorien.

Für den Aufbau unseres Analyseapparates syntaktischer Strukturen war es notwendig, solche theoretischen Ansätze heranzuziehen, deren Einsichten entweder bereits allgemein anerkannt sind oder die Grundlage für die gegenwärtige Diskussion sind.

Der Gegenstand syntaktischer Analyse ist zunächst der ganze, vollständige Satz, der in Kapitel 2 nach seinen unmittelbaren Bestandteilen, den Konstituenten analysiert wird. Die Methoden gehen, dies sei der Vollständigkeit halber erwähnt, auf Verfahren der operationalen Syntax zurück, die inzwischen weitgehend akzeptiert sind und in viele Grammatiken Eingang gefunden haben. In den operationalen Untersuchungsmethoden, die vom amerikanischen taxonomischen Strukturalismus systematisiert und als Entdeckungsprozeduren eingeführt wurden, spielen vor allem Konzepte wie *Wohlgeformtheit*, *vollständiger Satz* und *gleiche Bedeutung* eine Rolle. Das mag vage erscheinen, dennoch war es mit den sogenannten Prozeduren dieser Theorie möglich, eine ansonsten stark von Intuitionen geleitete Analyse kontrollierbar und empirisch nachvollziehbar zu machen. Die in Kapitel 2 aufgeführten Konstituententests entsprechen weitgehend diesen Prozeduren und liefern durch die Operationen mit den sprachlichen Elementen zunächst brauchbare Einsichten in die Struktur von Sätzen und Phrasen sowie Hinweise auf eine mögliche Klassifikation der Analyseeinheiten. Insbesondere sei erwähnt, daß unabhängig vom amerikanischen Strukturalismus Hans Glinz für das Deutsche operationale Methoden (Proben) entwickelt hat (Glinz 1952).

An den ersten Analyseschritt schließt sich dann in Kapitel 3 die Klassifikation der zuvor gewonnenen Konstituenten nach lexikalischen und phrasalen Kategorien an, wobei lexikalische Kategorien als die atomaren Bestandteile der syntaktischen Struktur behandelt werden, die zu phrasalen Kategorien expandieren. Der hier vertretene Ansatz geht davon aus, daß mit den Konstituenten des Satzes jeweils Phrasen korrespondieren, die den kategorialen Status ihres Kopfelementes teilen. Mit dieser Vorgehensweise schließen wir uns den Analysen der generativen Transformationsgrammatik zum hierarchischen Aufbau von Phrasenstrukturen an (vgl. Chomsky 1965, Jackendoff 1972, 1977).

Ausdrücklich unberücksichtigt bleiben die neueren Ergebnisse der generativen Grammatik, die sich auf funktionale Kategorientypen beziehen, einerseits weil die Forschung momentan eine rasante Entwicklung nimmt, und zum anderen, um auf der Basis eines absichtlich nicht theoriespezifisch dargestellten Phänomenbereichs die Entscheidung über die Adäquatheit einer weitergehenden theoretischen Analyse bewußt dem interessierten Leser zu überlassen. Selbst hinsichtlich einer Klassifikation der Kategorie *Satz*, die wir hier zwar als Phrase, jedoch ohne spezifiziertes Kopfelement behandeln, wird nichts gesagt, was eigentlich in den Bereich einer eingehenderen Behandlung im Rahmen einer wie auch immer gearteten Grammatiktheorie gehören würde.

Ein weiterer Grund dafür, nicht auf funktionale Kategorien generativistischer Prägung, wie zum Beispiel den Kopf der Kategorie *Satz*, einzugehen, liegt im Begriff der Funktionalität selbst begründet, der je nach Grammatikmodell unter sehr verschiedenen Vorzeichen verwendet wird. In neueren Entwicklungen der generativen Grammatik wird für jede Flexionskategorie eine eigene funktionale Phrasenkategorie eingeführt, was darüber hinaus mit sehr speziellen Annahmen über deren phrasenstrukturellen Aufbau verbunden ist.

Dagegen bezieht sich der Funktionalitätsbegriff der funktionalen Grammatik (vgl. z.B. Admoni 1982) darauf, wie Formen und Strukturen bestimmte Leistungen in der Grammatik erbringen und entsprechend ihrer Funktion klassifiziert werden können. Bei Admoni werden die Kategorien der Wortarten, je nach semantischer Funktion, die grammatischen Kategorien, wie Genus, Numerus, Kasus, Tempus, etc., und die funktionalen Kategorien, wie Subjekt, Prädikat, Objekt etc., unterschieden. Zwischen diesen Grundelementen bestehen syntaktische Beziehungen, wie die prädikative Beziehung zwischen Subjekt und Prädikat, die attributive Beziehung zwischen Substantiv und Attribut, die Objektbeziehung zwischen Verb und Objekten, die adverbiale Beziehung zwischen Verb und adverbialen Bestimmungen. Die für funktionale Ansätze typische Verbindung von strukturellen und inhaltlichen Aspekten führt Admoni zu seiner Liste der Satztypen, die wir als grammatische Funktionen von Sätzen in Abschnitt 4.3 weitgehend übernommen haben.

Die in Kapitel 4 eingeführte, eher an der Funktion orientierte Betrachtungsweise hat für die syntaktische Untersuchung zur Konsequenz, daß inhaltliche, auf die Verwendungsweisen von Sätzen bezogene Kriterien nicht auf bestimmte Satzstellungstypen bezogen werden können, und letztlich Verb-Erst-, Verb-Zweit- und Verb-End-Sätze in jeder Verwendungsweise auftreten können. Wir brauchen jedoch für die syntaktische Beschreibung ein Instrument, das es uns erlaubt, über die linearen Abfolgerelationen und die mögliche Distribution bestimmter Elemente Generalisierungen treffen zu können. Unter diesem Aspekt hat sich das topologische Modell als äußerst fruchtbar erwiesen und wird in Kapitel 5 als weiteres Analyseinstrument eingeführt. Dieses Modell zeigt nicht nur auf anschauliche Weise die für das Deutsche typische Klammerstruktur der verbalen Elemente, es erlaubt uns auch, allgemeingültige Aussagen über das Auftreten von Elementen an festgelegten Positionen im Satz zu machen. Wie wichtig die Einsichten der topologischen Analyse für die Beschreibung der deutschen Satzstruktur sind, mag man daran ermessen, daß sie Eingang gefunden haben in die unterschiedlichsten Grammatikmodelle. Die Attraktivität des topologischen Modells gründet auch darauf, daß es vereinbar ist mit den wichtigsten Annahmen über Phrasenstrukturregeln, wie sie in der generativen Grammatik zur Beschreibung des Aufbaus des deutschen Satzes verwendet werden. Das topologische Modell ist deshalb eine der wichtigsten Grundlagen, um mit weiterführenden Grammatiktheorien zur Syntax des Deutschen arbeiten zu können.

Die etwas genauere Betrachtung der Abfolgebeziehungen zwischen finitem Verb und infiniten Verbformen in der rechten Klammer, die in Kapitel 6 auf der Grundlage von Gunnar Bech (1983) erfolgt, soll in die Zusammenhänge eines Phänomenbereichs einführen, der in den letzten Jahren heftig diskutiert wurde und wohl auch weiterhin Gegenstand der Diskussion bleiben wird. Dabei geht es um die syntaktische Beschreibung von Infinitivkonstruktionen, die die Basis für Untersuchungen zur kohärenten Konstruktion bilden (vgl. z.B. v. Stechow

& Sternefeld 1988: 406ff). Auch dieser Bereich wurde mit der Absicht aufgenommen, einen Teilaspekt der deutschen Syntax dahingehend transparent zu machen, damit sich eine Analyse im Rahmen unterschiedlicher Grammatikmodelle leichter erschließt.

Kapitel 7 bringt im Anschluß an die Überlegungen zu den strukturellen Abfolgebeziehungen zwischen den Verbformen neben einer Einführung in die Realisierungsmöglichkeiten der Tempora und Modi auch eine Gegenüberstellung der in der Literatur verwendeten Bezeichnungen für die konjunktiven Tempora. Damit wenden wir uns bei den Verbformen inhaltlichen Aspekten semantisch-pragmatischer Natur zu. Durch die Beschreibung der einzelnen Tempora über drei Merkmale, die jeweils positiv oder negativ spezifiziert sein können, lassen sich syntaktische Regularitäten der mit diesen Tempora auftretenden Verbformen erfassen. Der entscheidende Schritt dieses Kapitels ist es, aus Überlegungen zum Futur Plusquamperfekt für alle Tempora zwei Betrachtzeiten einzuführen. Damit erhält man analog zu den drei Merkmalen der Tempora drei Relationen, die zwischen Sprechzeit und Betrachtzeit 1, Betrachtzeit 1 und Betrachtzeit 2, und Betrachtzeit 2 und Ereigniszeit bestehen.

Da sich nun die Merkmalsmatrix und die Matrix der Relationen miteinander in Beziehung setzen lassen, wird deutlich, wie bei der Realisierung der Tempora formale Aspekte der auftretenden Verbformen mit inhaltlichen, die ihre Semantik betreffen, korrelieren. Dieses Vorgehen erlaubt es nicht nur, anhand abstrakter Kriterien Einblicke in Tempus- und Modusformen zu gewinnen, es demonstriert zugleich auch die Vorgehensweise strukturalistischer Untersuchungsmethoden.

In Kapitel 8 wenden wir uns einem Aspekt der Grammatik zu, der die Informationsstruktur von Verben in den Mittelpunkt stellt. Grundlage für die hier dargebotenen Analysen sind Einsichten, die auf die Dependenzgrammatik (Tesnière 1959) und die daraus hervorgegangene Valenztheorie zurückgehen. Unter diesem Ansatz wird von einem lexikalischen Element die Anzahl und semantische Ausprägung der valenzabhängigen Ergänzungen und der nicht-valenzabhängigen Angaben, die zusammen mit ihm auftreten, festgelegt. Diese Unterscheidung findet sich auch in den Darlegungen zu den Phrasenkategorien in Abschnitt 3.3, wo Komplemente als Ergänzungen behandelt werden.

Uns interessieren unter den Argumenten des Verbs vorrangig jene, die als Subjekt oder direktes Objekt realisiert werden. Ausgehend von der Unterscheidung in externes und internes Argument, die von Williams (1981) eingeführt wurde, beleuchten wir unter Einbeziehung neuerer Arbeiten (Haider 1985, 1993) die Vorgänge bei der Kasusrealisierung in Abhängigkeit von Argumentstruktur und Finitheit des Verbs. Die dargestellte Analyse hat den Vorteil, daß sich damit die Zusammenhänge bei der Kasusrealisierung in Aktivsätzen und bei Passivierung, aber auch in der AcI-Konstruktion und in satzwertigen Infinitiven, aus denselben theoretischen Annahmen heraus erklären lassen.

Zudem erlaubt uns der Blick auf die Argumentstruktur von Verben, dem syntaktischen Verhalten einer Teilklasse der intransitiven Verben nachzuspüren. Ausgehend von Ergebnissen aus Untersuchungen im Rahmen der relationalen Grammatik (z.B. Perlmutter 1978), die auch in die Rektions- und Bindungstheorie aufgenommen wurden (Burzio 1986, Grewendorf 1989), wird diese Teilklasse als ergative Verben bezeichnet. Das entscheidende Merkmal der Verben dieser Klasse ist, daß sich ihr Subjekt syntaktisch wie das Objekt transitiver Verben verhält. Obwohl die Bezeichnung *ergativ* irreführend ist, weil das hier verwendete Konzept von Ergativität nichts mit dem der Ergativsprachen gemein hat, wo der Handlungsträger bei transitiven Verben durch die Kasusform Ergativ markiert wird, haben auch wir diese Bezeichnung beibehalten, da die meisten Publikationen der letzten Jahre ebenfalls von ergativen Verben sprechen. Sinnvoller wäre es, von unakkusativischen Verben zu sprechen, wie es auch im englischen Terminus für die Ergativitätshypothese *(Unaccusative Hypothesis)* zum Ausdruck kommt.

In Kapitel 9 werden bestimmte Teilklassen der Pronomina etwas ausführlicher behandelt. Die Auseinandersetzung mit dem lexikalischen Element *es* in seinen verschiedenen Funktionen erlaubt es, im Zuge weiterführender Studien im Rahmen der generativen Grammatik, der Diskussion um expletive Subjekte oder den *pro-drop-Parameter* leichter zu folgen. Mit der Betrachtung von Koreferenz, dem Bezug zweier nominaler Ausdrücke auf dasselbe Referenzobjekt, zwischen Substantiven, Personal- und Reflexivpronomina, wagen wir uns schließlich auf unsicheres Terrain vor. Was wir versuchen ist, einen zentralen Teil der generativen Theorie mit bis dahin bereits eingeführten Begriffen zumindest in seinen Grundzügen darzustellen, ohne auf die speziellen theoretischen Annahmen der Theorie einzugehen. Der hier ausgebreitete Phänomenbereich wird in der generativen Grammatik in der Bindungstheorie behandelt, die neben der Rektionstheorie wesentlicher Bestandteil des Prinzipien- und Parametermodells (vgl. Chomsky 1981) ist. Dieses Grammatikmodell bestimmt seit langer Zeit die syntaktische Forschung. Uns geht es in erster Linie jedoch darum, den Studienanfänger für Eigenschaften der Koreferenz unter syntaktischen Bedingungen zu sensibilisieren und wenn möglich auf eine theoretisch fundierte Analyse neugierig zu machen.

Das Verhalten der Reflexiva erlaubt es uns zudem, auf ein weiteres Konzept der generativen Grammatik aufmerksam zu machen, auf das bereits die Darstellung zur Kasuszuweisung in Kapitel 8 hindeutet. Da Reflexiva stets ein Bezugselement in der satzartigen Konstituente benötigen, in der sie selbst auftreten, mangels Finitheit in satzwertigen Infinitiven zwar kein Satzglied im Nominativ auftreten kann, gleichwohl aber ein Reflexivum mit Bezug auf dieses fehlende Element, muß in diesen Konstruktionen eine leere Kategorie vorhanden sei, das wie ein Pronomen die Subjektsfunktion übernimmt. Wer sich mit diesen Überlegungen vertraut gemacht hat, wird keine Schwierigkeiten haben, der Diskussion um leere Subjekte in der generativen Grammatik zu folgen.

Insgesamt gehen wir davon aus, daß die hier dargebotenen Analysen und ausgesuchten Teilaspekte der deutschen Syntax den Einstieg in jede Art von weiterführender Grammatiktheorie erleichtern und es zudem erlauben, ausgestattet mit einem gewissen Problembewußtsein den Ausführungen in den neueren Publikationen zur grammatischen Forschung kritisch zu folgen.

Wie gut verschiedene Theorien der Grammatik letztlich sind, wird am ehesten dann bewertet werden können, wenn man mit den Phänomenen, die diese Theorien zu beschreiben versuchen, weitgehend vertraut ist.

Judith Berman und Karin Pittner möchten wir für die Überlassung ihrer Seminarunterlagen an dieser Stelle herzlich danken. Ihre Hilfe und Unterstützung hat besonders auf Kapitel 3 und 4 sehr großen Einfluß gehabt.

Bedanken möchten wir uns auch bei all jenen, die mit ihren hilfreichen Kommentaren den Inhalt dieses Buches immer wieder verbessert haben; dies gilt insbesondere für all die Studenten, die wir mit den frühen Versionen dieser Einführung hoffentlich nicht nur gequält haben.

Für jedweden Hinweis auf Fehler oder mißverständliche Formulierungen wie auch inhaltliche Verbesserungsmöglichkeiten sind wir dankbar.

Verzeichnis der Abkürzungen

AcI:	Accusativus cum Infinitivo	LK:	linke Klammer
		mask:	maskulin
Adj:	Adjektiv	MF:	Mittelfeld
Adv:	Adverb	N:	Nomen
AdjP:	Adjektivphrase	Neutr:	Neutrum
Adv:	Adverb	NF:	Nachfeld
AdvP:	Adverbialphrase	NOM:	Nominativ
AG:	Agens	NP:	Nominalphrase
AKK:	Akkusativ	Obj, OBJ:	Objekt
ARG:	Argument	PARORD:	Parordinationsposition
Attr, ATTR:	Attribut	Pers.:	Person
B:	Betrachtzeit	PO:	Präpositionalobjekt
Bsp.:	Beispiel	Pron:	Pronomen
D:	Determinator	PP:	Präpositionalphrase
d.h.:	das heißt	Präp:	Präposition
Dat., DAT:	Dativ	RK:	rechte Klammer
def:	definit	S:	Sprechzeit
DO:	direktes Objekt	s.:	siehe
E:	Ereigniszeit	SAdv:	Satzadverb
ed.:	Herausgeber (Sg.)	Sg:	Singular
eds.:	Herausgeber (Pl.)	Subj, SUBJ:	Subjekt
GEN:	Genitiv	süddt:	süddeutsch
GO:	Genitivobjekt	u.a.:	unter anderem
Hrsg.:	Herausgeber	V:	Verb
i.a.:	im allgemeinen	V1:	Verb-Erst
i.d.R.:	in der Regel	V2:	Verb-Zweit
indef:	indefinit	v.a.:	vor allem
Inf.:	Infinitiv	VE:	Verb-End
IO:	indirektes Objekt	VF:	Vorfeld
IPP:	Infinitivus Pro Participio	VVF:	Vor-Vorfeld
KAdv:	Konjunktionaladverb	vgl.:	vergleiche
KF:	Konjunktionalfeld	VP:	Verbalphrase
Konj:	Konjunktion	WP:	Wackernagelposition
KOORD:	Koordinationsposition	z.B.:	zum Beispiel

1. Einführung

1.1 Grammatikbegriff

Der Begriff **Grammatik** beinhaltet folgendes:

- Grammatik als mentale Fähigkeit, d.h. das sprachliche Wissen, das jeder Sprecher besitzt, und das ihn in die Lage versetzt, Sätze in seiner Muttersprache zu produzieren und zu verstehen
- Grammatik als Theorie bzw. Beschreibung dieser mentalen Fähigkeit

Die folgenden vier Bereiche machen die Grammatik aus:

(1)   **Phonetik – Phonologie**   die Lautstruktur von Wörtern und Sätzen
        Morphologie   die Struktur von Wörtern
        Syntax   die Struktur von Sätzen
        Semantik   die Interpretation von Wörtern und Sätzen

Es gibt einen gewissen fließenden Übergang zwischen Syntax, Morphologie und Phonologie.

- Syntax umfaßt den Satz, die Phrase, das Wort, teils auch das Morphem (Bsp. *zu*-Infinitive)
- Morphologie umfaßt teils die Phrase, das Wort, das Morphem, teils auch das Phonem (z.B. Ablaut; Morpho-Phonologie)
- Phonetik & Phonologie umfassen teils das Morphem, das Phonem und das distinktive Merkmal

(2)   der Satz   *Wir werden dieses Buch lesen*
        die Phrase   [[*dieses Buch*] *lesen*]
        das Wort   [*lesen*]
        das Morphem   *-en*
        das Phonem   /n/
        das distinktive Merkmal   [+*stimmhaft*]

Dieses Buch beschäftigt sich mit der Syntax. Vermittelt werden sollen Mittel, die es erlauben, die syntaktische Struktur eines Satzes zu ermitteln.

1.2 Präskriptive oder deskriptive Grammatik?

Die präskriptive Grammatik versucht vorzuschreiben, wie eine bestimmte Sprache aussehen soll. Linguistik ist aber vor allem eine empirische Wissenschaft. Daher wäre die präskriptive Grammatik so fehl am Platz wie eine Physik, die den Atomen vorschreiben will, wie sie zu reagieren haben. Der Linguist sollte die Daten bzw. die Tatsachen, die er vorfindet, beschreiben – und im besten Fall auch erklären, d.h. unter allgemeinen Prinzipien subsumieren. Er sollte aber nicht vorschreiben, wie die Tatsachen sein sollten.[1]

(3)   a. Wer hat er geglaubt, bezahle ihm hier sein Bier

       b. %Wer hat er geglaubt, daß ihm hier sein Bier bezahlen werde

       c. *Wer hat er geglaubt, ihm bezahle hier sein Bier

(4)   a. Dort geht der Mann, den ich gestern gesehen habe

       b. %Dort geht der Mann, den wo ich gestern gesehen habe

       c. *Dort geht der Mann, ich wo gestern gesehen habe

Dies sind Beispiele für die Abstufung der Grammatikalitätsbeurteilung von Sätzen. In vielen, vor allem süddt. Varietäten sind Sätze wie (3b) und (4b) möglich und kommen häufig vor. Dagegen sind (3c) und (4c) aus strukturellen Gründen ausgeschlossen. In keiner Varietät des Deutschen wären diese Sätze wohlgeformt. In beiden Beispielen wird gegen Prinzipien der Grammatik verstoßen, die den Aufbau der Phrasenstruktur bestimmen. Ein Sprecher z.B. des Deutschen ist mühelos in der Lage, wohlgeformte Sätze von ungrammatischen zu unterscheiden, auch wenn er nicht sofort angeben kann, was der Grund für die Ungrammatikalität ist. Entscheidend ist, daß während des Spracherwerbs eine Grammatik gebildet wird, die uns dazu befähigt, wohlgeformte Sätze unserer Sprache zu produzieren und zu verstehen. Grammatik als mentale Fähigkeit muß niemandem beigebracht werden, denn der Erwerb der Muttersprache verläuft völlig automatisch, im Gegensatz zum Erwerb einer Fremdprache oder etwa der Geographie. Grammatik als Beschreibung der Sprache und ihrer Eigenheiten ist dagegen kaum intuitiv zugänglich. Will man die Sätze und Äußerungen einer Sprache beschreiben, benötigt man außer einer ausreichend präzisen Terminologie eingehende Kenntnisse aus empirischen Untersuchungen.

---

1   Notenskala der Akzeptabilitätsurteile muttersprachlicher Sprecher:
    ohne Markierung = ein akzeptabler Satz des Deutschen
    ?   = ein nicht besonders guter Satz des Deutschen
    ??   = ein fast unakzeptabler Satz des Deutschen
    *   = ein unakzeptabler Satz des Deutschen
    %   = ein Satz, der je nach Dialekt oder Soziolekt möglich ist oder nicht

2. Grundbegriffe der Konstituentenstruktur

| Übersicht | • Konstituentenbegriff
• Konstituententests
• Strukturelle Ambiguitäten
• Diskontinuierliche Konstituenten |
|---|---|

2.1 Konstituentenbegriff

Was ist eine Konstituente?

> Eine Konstituente ist jede sprachliche Einheit, die Teil einer größeren sprachlichen Einheit ist. (Bußmann 1990:264)

> Syntaktische Funktionen werden (...) nicht auf der Grundlage von Wortarten sondern von Konstituenten (Wortgruppen) definiert. (Helbig 1991:109)

Die Gliederung einer Konstituentenstruktur kann z.B. als Strukturbaum, Schachtelung, oder auch durch Klammerung dargestellt werden.

Eine Konstituente ist eine Einheit in dieser hierarchischen Gliederung. Jede Konstituente kann wiederum aus kleineren Konstituenten bestehen, die ebenfalls hierarchisch gegliedert sind. Dies entspricht in den folgenden Darstellungen einem tiefer eingebetteten Knoten im Baum, bzw. einer tieferen Schachtelung oder Klammerung.

Daß der Satz die größte syntaktische Konstituente ist und das einzelne Wort die kleinste, ist unbestritten. Interessant ist, was sich zwischen diesen beiden Endpunkten befindet, und wie dies strukturiert ist.

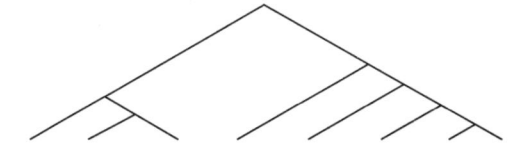

(1) a. Ein kleiner Zwerg steht auf einem hohen Berg

c. [[Ein [kleiner [Zwerg]]] [steht [auf [einem [hohen [Berg]]]]]]

Die Konstituente [*ein kleiner Zwerg*] besteht also aus zwei Konstituenten [*ein*] und [*kleiner Zwerg*], wobei die zweite Konstituente wiederum aus zwei Konstituenten besteht, nämlich [*kleiner*] und [*Zwerg*]. Genauso verhält es sich z.B. mit [*auf einem hohen Berg*].

2.2 Konstituententests

Wie sich eine Konstituente identifizieren läßt, soll anhand folgender Tests gezeigt werden:

- Permutation
- Pronominalisierung
- Fragetest
- Substitution
- Tilgung
- Reduktion
- Koordination

Konstituententests funktionieren nur in eine Richtung: Nur Konstituenten können solche Tests bestehen, aber nicht alle Konstituenten bestehen diese Tests.

2.2.1 Permutation

Was verschoben werden kann, ist eine Konstituente. Bei der *Bewegung nach vorn* spricht man von Topikalisierung oder Vorfeldbesetzung. Topikalisierung endet im Vorfeld (siehe dazu Kapitel 5), der Position vor dem finiten Verb im Hauptsatz. Im Vorfeld kann nur eine Konstituente stehen, die aber beliebig groß sein kann. Das Vorfeld kann auch leer sein, z.B. in einer Frage wie (2a), wo die erste Konstituente das Finitum ist.

(2)   a. Steht dieser große Stern nicht erst seit letztem Jahr auf dem Bahnhofsturm?

        b. [Dieser große Stern] steht [...] nicht erst seit letztem Jahr auf dem Bahnhofsturm

        c. [Auf dem Bahnhofsturm] steht dieser große Stern nicht erst seit letztem Jahr [...]

        d. [Nicht erst seit letztem Jahr] steht dieser große Stern [...] auf dem Bahnhofsturm

        e. *[Nicht erst] steht dieser große Stern [... seit letztem Jahr] auf dem Bahnhofsturm

f. *[Dieser große] steht [... Stern] nicht erst seit letztem Jahr auf dem Bahnhofsturm

g. *[Dieser große Stern nicht erst seit letztem Jahr] steht [...] [...] auf dem Bahnhofsturm

In den Beispielen (2b) – (2d) handelt es sich um Konstituenten, die in das Vorfeld verschoben worden sind. In den Beispielen (2e) – (2g) wurde keine Konstituente in das Vorfeld bewegt. Bei (2e) und (2f) befindet sich im Vorfeld etwas, das zusammen keine Konstituente darstellt. Bei (2g) liegt mehr als eine Konstituente vor. Es handelt sich dabei um die Konstituenten [*dieser große Stern*] und [*nicht erst seit letztem Jahr*].

D.h. nicht, daß diejenigen Konstituenten, die in das Vorfeld verschoben werden können, nur ganz einfach aufgebaut sein müssen – sie können auch komplexer sein, wie die folgenden Beispiele zeigen:

(3) a. [Die Maria] wird wohl um zwei Uhr versuchen den Hund zu füttern, der Hunger hat

b. [Den Hund zu füttern, der Hunger hat] wird die Maria wohl um zwei Uhr versuchen

c. [Um zwei Uhr] wird die Maria wohl versuchen den Hund zu füttern, der Hunger hat

d. [Den Hund] wird die Maria wohl um zwei Uhr versuchen zu füttern, der Hunger hat

e. [Versuchen den Hund zu füttern, der Hunger hat] wird die Maria wohl um zwei Uhr

f. [Um zwei Uhr versuchen den Hund zu füttern, der Hunger hat] wird die Maria wohl

g. [Versuchen] wird die Maria wohl um zwei Uhr den Hund zu füttern, der Hunger hat

Im Beispiel (3b) befindet sich eine satzartige Konstituente im Vorfeld. Sie hängt von *versuchen* ab, das auch allein schon eine Konstituente ist, vgl. (3g). Der satzwertige Infinitiv [*den Hund zu füttern*], führt zusätzlich noch einen Relativsatz mit sich. Beide zusammen bilden eine Konstituente. Diese komplexe Konstituente beinhaltet auch kleinere Einheiten, die als Konstituente behandelt und damit verschoben werden können, vgl. (3d).

Die Beispiele (3e) und (3f) zeigen, wie sich die bereits komplexe Konstituente aus (3b) noch erweitern läßt, und bestätigen, daß es angemessen erscheint, Elemente, die syntaktisch voneinander abhängen, wie das Verb und seine Komplemente, zusammenzufassen wie in der Baumstruktur, die in (1a) dargestellt ist. Diese als Konstituente nachzuweisen gelingt sonst nur mit dem Koordinationstest wie im folgenden Satz: *Der kleine Zwerg [sitzt auf einem hohen Berg] und [spaltet Holz].*

2.2.2 Pronominalisierung

Was sich pronominalisieren, sich also durch ein Pronomen substituieren läßt, ist eine Konstituente.

(4)   a. [Dieser große Stern] steht doch nicht erst [seit letztem Jahr] [auf dem Bahnhofsturm]
      b. [Er   ] steht doch nicht erst seit letztem Jahr auf dem Bahnhofsturm
      c. Dieser große Stern steht doch nicht erst seit letztem Jahr [dort   ]
      d. Dieser große Stern steht doch nicht erst [seitdem   ] auf dem Bahnhofsturm
      e. *Dieser große Stern steht doch nicht erst seit letztem Jahr [..........] Bahnhofsturm
      f. *Dieser [.................................] seit letztem Jahr auf dem Bahnhofsturm

Es gibt kein pronominales Element, das für [...] eingesetzt, zu einer grammatischen Konstruktion führt. [...] ersetzt hier entweder mehr oder weniger als eine Konstituente.

Die folgenden Sätze sind ein Beispiel dafür, daß sich trotz nicht-Pronominalisierbarkeit einer Präposition auch diese als Konstituente identifizieren läßt, wenn man z.B. *auf* durch *unter*, *über* ersetzt oder sie miteinander koordiniert, wie im Beispiel (5b):

(5)   a. *Diese großen Sterne stehen doch nicht erst seit letztem Jahr [...] dem Bahnhofsturm
      b. Diese großen Sterne stehen doch nicht erst seit letztem Jahr [*auf*] und [*neben*] dem Bahnhofsturm

2.2.3 Fragetest

Dieser Test ist eine Kombination aus Permutations- und Pronominalisierungstest. Wird eine Konstituente durch ein W-Element substituiert, muß dieses ins Vorfeld bewegt werden. Wird das Element nicht ins Vorfeld bewegt, ergibt sich eine Echofrage, die nicht am Anfang eines Diskurses stehen kann: *A: Ich habe Hans ein Buch gegeben. – B: Du hast Hans **was** gegeben?*

(6) a. Hat Max gestern versucht einer Frau einen Staubsauger aufzuschwatzen?
b. [Wer] hat [...] gestern versucht einer Frau einen Staubsauger aufzuschwatzen
c. [Was] hat Max gestern versucht einer Frau [...] aufzuschwatzen
d. [Wann] hat Max [...] versucht einer Frau einen Staubsauger aufzuschwatzen
e. [Wem] hat Max gestern versucht [...] einen Staubsauger aufzuschwatzen
f. *[W...] hat Max [...] einer Frau einen Staubsauger aufzuschwatzen
g. *[W...] hat Max gestern versucht einer [...] aufzuschwatzen
h. *[W...] hat Max gestern versucht einer Frau [...]

Es gibt kein W-Element (*wer, wie, was, wann, wo* ...), das in (6f–h) eingesetzt eine Konstituente ersetzt. [W...] ersetzt entweder mehr oder weniger als eine Konstituente.

2.2.4 Substitution

Die vorangegangenen beiden Tests sind sogenannte Substitutionstests, d.h. eine Konstituente wird durch eine andere (in diesen Fällen eine pronominale) Konstituente ersetzt. Die allgemeinere Form des Substitutionstests: "Ersetze ein Element in einem gegebenen Satz durch ein anderes", ist dagegen kaum geeignet, Konstituenten zu ermitteln.

In (7) finden sich Beispiele, in denen Konstituenten ersetzt werden. In (8) finden sich solche, in denen zwar immer ab der gleichen Stelle substituiert wird, aber jedesmal mit einem anderen Ergebnis.

(7) a. [Das Haus] ist schön
b. [Die Gegend] ist schön
c. [Der große Baum] ist schön
d. [Daß Hans gewonnen hat,] ist schön

(8) a. Er hört | [gerne] [Musik]
b. Er hört | [den Mann]
c. Er hört | [selten] [zu]

Von (8a) nach (8b) sind zwei Konstituenten [*gerne*] [*Musik*] durch eine [*den Mann*] ersetzt worden, d.h., daß sowohl getilgt als auch ersetzt wurde, also (Tilgung **und** Substitution) stattgefunden hat. Von (8b) nach (8c) wurde nicht etwa eine Konstituente [*den Mann*] durch eine Konstituente [*selten zu*] ersetzt. *zu* ist Teil des Verbs, d.h. *selten* ersetzt *den Mann*, und *zuhören* ersetzt *hören*. Also wurden hier zwei Elemente substituiert.

2.2.5 Tilgung

Nur Konstituenten können weggelassen werden, wie die folgenden Beispiele zeigen.

(9) a. Dieser große Stern steht doch nicht [erst seit letztem Jahr] auf dem Bahnhofsturm

b. Dieser große Stern steht doch nicht [...] auf dem Bahnhofsturm

Die folgenden Sätze sind Beispiele, bei denen es aus syntaktischen Gründen nicht möglich ist, ein Element zu tilgen. Subjekte können grundsätzlich nicht getilgt werden, vgl. (10a); *wohnen* verlangt eine Präpositionalphrase, die aber weggelassen wurde, vgl. (10b). Beides führt zur Ungrammatikalität.

(10) a. *[...] steht doch nicht erst seit letztem Jahr auf dem Bahnhofsturm

b. *Dieser reiche Student wohnt doch nicht erst seit letztem Jahr [...]

Dieser Test ist ein Beispiel dafür, was eingangs über Konstituententests gesagt wurde, nämlich, daß sie nur in eine Richtung funktionieren: Nicht alle Konstituenten können alle Tests bestehen. Hier ist aus syntaktischen Gründen keine Tilgung erlaubt.

2.2.6 Reduktion

Ergibt sich eine elliptische Konstruktion, so wurden nur Konstituenten getilgt.

(11) a. Peter darf *(Jura studieren)* und Maria muß Jura studieren

b. Den einen interessiert *(Linguistik)*, den anderen langweilt Linguistik

c. Hühner legen *(Eier)*, Menschen essen Eier

Um zu unterscheiden, ob es sich um einfache Tilgung oder um Reduktion handelt, sind die Konstruktionen genauer zu betrachten. Bei der Tilgung wird eine beliebige Konstituente weggelassen, falls die syntaktischen Bedingungen es erlauben. Das Element, das weggelassen wurde, ist aus dem Kontext nicht mehr zu ermitteln oder zu rekonstruieren. Bei der Ellipse hingegen können sogar syntaktisch notwendige Konstituenten weggelassen werden, wie die Beispiele in (11) zeigen. Konstruktionen wie: *(Peter darf)*, *(den einen interessiert)* oder *(Hühner legen)* sind im besten Fall unvollständig, wenn nicht ungrammatisch, da syntaktisch notwendige Ergänzungen weggelassen wurden. Weiterhin ist das Element, das in einer Ellipse weggelassen worden ist, aus dem Kontext rekonstruierbar. Der Hörer ist in der Lage die ausgelassene Konstituente zu ergänzen.

Die Konstruktion in (11a) kann sowohl als Tilgung einer Konstituente analysiert werden, als auch als eine Kombination aus zwei Konstituententests: Wie es anschließend heißt, können nur Konstituenten koordiniert werden, so kann (11a) auch das Ergebnis von Koordination und anschließender Tilgung sein.

Problematisch sind sogenannte *Gapping*-Konstruktionen, wo scheinbar Nicht-Konstituenten getilgt werden können, d.h. diesen Test bestehen: Gapping bedeutet soviel wie: eine Lücke schaffen. Ähnlich wie bei der Linkstilgung werden in Konstruktionen, die durch *und, oder, aber* u.a. verbunden sind, Konstituenten, aber auch Konstituententeile weggelassen.

(12) Peter wird Linguistik studieren können, aber *(er wird)* Jura studieren müssen

2.2.7 Koordination

Was sich koordinieren läßt, ist eine Konstituente.

(13) a. [Mein Sohn] und [dein verfressener Mops] haben Schokolade schon immer gemocht

b. ...weil sich [der eine freut] und [der andere ärgert]

c. Dieser Stern steht doch nicht erst seit gestern [auf] und [neben] dem Bahnhofsturm

Problematisch sind sogenannte Linkstilgungen, wo scheinbar in koordinierten Konstruktionen links Nicht-Konstituenten getilgt werden können. Die Linkstilgung ist wie das Gapping eine Form von Lückenschaffung. Im Unterschied zu der Gapping-Konstruktion, wo erst beim zweiten Vorkommen getilgt wird, wird bei der Linkstilgung schon beim ersten Vorkommen der relevanten Konstituente diese getilgt.

(14) Er hat den [Vize-] und sie hat [den Konteradmiral begrüßt]

2.3 Strukturelle Ambiguitäten

Strukturelle Ambiguitäten kommen dadurch zustande, daß dieselbe Abfolge mehrere mögliche Konstituentenanalysen zuläßt. Sie sind zu unterscheiden von lexikalischen Ambiguitäten, die durch Homonyme hervorgerufen werden, wie z.B. Schloß, Bank.

(15) a. Der See beherbergt [schwarze [Schwäne]] und [Enten]

b. Der See beherbergt [schwarze [Schwäne und Enten]]

Im a-Satz sind die Schwäne schwarz, über die Farbe der Enten wird nichts gesagt. Im b-Satz sind sowohl die Schwäne als auch die Enten schwarz.

(16) a. Max sieht [den Mann] [mit dem Fernglas]
b. Max sieht [den Mann [mit dem Fernglas]]

Im a-Satz sieht Max den Mann durch das Fernglas, im b-Satz sieht Max den Mann, der ein Fernglas hat.

2.4 Diskontinuierliche Konstituenten

Diskontinuierliche Konstituenten kommen durch Bewegung von Teilkonstituenten zustande.

(17) a. Wer [*hört*] ihm nicht gerne [*zu*]?
b. [*Der*] kann nichts wissen, [*der nichts gesehen hat*]
c. [*Gespenster*] habe ich [*keine*] gesehen
d. [*Was*] hast du [*für Gespenster*] gesehen?

Im a-Satz wurde der hintere Teil des Partikelverbs *zuhören* abgetrennt und die Partikel *zu* zurückgelassen. Es ist nicht möglich, das Partikelverb in diese Zielposition zu bewegen, ohne die Abtrennung vollzogen zu haben, denn **wer zuhört ihm nicht gern* ist ungrammatisch. Es handelt sich hier also um Bewegung von Teilkonstituenten.

Relativsätze wie im b-Satz müssen nicht, aber können von ihrem Bezugselement abgetrennt und an das Satzende extraponiert werden.

Im c-Satz wird ein Teil einer zweiteiligen Konstituente abgetrennt. Im Gegensatz dazu kann die Konstituente *die Gespenster,* die ebenfalls aus zwei Elementen besteht, nicht getrennt werden, denn folgender Satz ist ungrammatisch: **Gespenster habe ich die gesehen.*

Im d-Satz haben wir *was–für* voneinander gespalten, was noch bei weiteren Fragepartikeln im Deutschen möglich ist und in der Umgangssprache häufig vorkommt: *[Wo] hast du [von] geträumt?* und *[Wo] hast du [drauf] gesessen?.* Die nach diesen Tests festgestellten Konstituenten werden in Kapitel 3 und 4 kategorial und funktional klassifiziert.

3. Syntaktische Kategorien

> Übersicht
> - Kategorien und Funktionen
> - lexikalische Kategorien (Wortarten)
> - phrasale Kategorien (Phrasentypen)

3.1 Kategorien und Funktionen

Jede Konstituente kann beschrieben werden, ...

1. nach den kategorialen Merkmalen, die innerhalb einer Konstituente bestimmt werden können – der lexikalischen Kategorie, wie Substantiv/Nomen (N), Verb (V), Adjektiv (Adj) oder der phrasalen Kategorie, wie Nominalphrase (NP), Verbalphrase (VP), Adjektivphrase (AdjP).
2. nach den funktionalen Merkmalen, die außerhalb einer Konstituente bestimmt werden – der grammatischen oder syntaktischen Funktion im Satz (auch grammatische Relation genannt), z.B. Subjekt, Objekt, Adverbial, Prädikativ, Attribut.

Obwohl es einen gewissen Zusammenhang zwischen Kategorie und Funktion gibt, kann man weder hundertprozentig die Funktion von Kategorien noch die Kategorie der ausgeübten Funktion vorhersagen. Dieselbe Kategorie kann verschiedene Funktionen haben, und dieselbe Funktion kann durch unterschiedliche Kategorien realisiert werden.

Die Konstituente [*die letzten Jahre*] in den Sätzen in (1) repräsentiert immer die gleiche phrasale Kategorie, tritt jedoch jedesmal in einer anderen Funktion auf. (Zu den phrasalen Kategorien siehe 3.3)

(1)   a. [*Die letzten Jahre*] haben viele Veränderungen gebracht
             Kategorie: NP, Funktion: Subjekt
       b. Sie haben [*die letzten Jahre*] genossen
             Kategorie: NP, Funktion: Objekt
       c. Sie haben [*die letzten Jahre*] sehr schön gefunden
             Kategorie: NP, Funktion: Objekt
       d. Sie haben [*die letzten Jahre*] viele Veränderungen erlebt
             Kategorie: NP, Funktion: Adverbial (Bestimmung der Zeit)

Die Funktion 'Subjekt' in den Sätzen in (2) wird jedesmal durch eine andere phrasale Kategorie realisiert. (Zu den syntaktischen Funktionen siehe Kapitel 4.)

(2)   a. [*Die Beurteilung dieser Arbeit*] hat alle sehr überrascht
          Kategorie: NP, Funktion: Subjekt

    b. [*Daß ihre Arbeit so beurteilt wurde,*] hat uns sehr überrascht
       Kategorie: finiter (Neben-) Satz, Funktion: Subjekt

    c. [*Wer ihre Arbeit letztendlich beurteilt hat,*] ist uns nicht bekannt
       Kategorie: (indirekter Frage-) Satz, Funktion: Subjekt

    d. [*Diese Arbeit schlecht zu bewerten,*] ist wohl keinem möglich
       Kategorie: infiniter (*zu*-Infinitiv)-Satz, Funktion: Subjekt

    e. [*Dies*] ist uns nicht entgangen
       Kategorie: NP (Pronomen), Funktion: Subjekt

    f. [*Es*] hat uns sehr überrascht, daß diese Arbeit so beurteilt worden ist
       Kategorie: NP (Pronomen), Funktion: Subjekt

3.2 Lexikalische Kategorien – Wortarten

Lexikalische Kategorien können mittels distributioneller und morphologischer Eigenschaften festgelegt bzw. ermittelt werden. Ihre Zugehörigkeit basiert teilweise auf sehr heterogenen Kriterien: syntaktischen, morphologischen und semantischen.

Für das Deutsche werden traditionell folgende Wortarten unterschieden: Substantive, Pronomina, Artikel, Verben, Adjektive, Adverben, Präpositionen, Konjunktionen und Partikeln.

Die folgenden Beispiele sollen zeigen, daß es möglich ist, ohne einzelne Ausdrücke zu verstehen, z.B. über die Verteilung von Elementen in einer Sprache, die Wortart bestimmter Elemente zu erkennen, oder über die strukturelle Verteilung von Elementen im Satz Rückschlüsse zu ziehen.

3.2.1 Distributionelle und morphologische Eigenschaften

Distributionelle Eigenschaften

(3)   der *lekitra* theg dem vitnatsbus tsiem suarov

lekitra kann ein Substantiv sein, weil es nach einem Artikel steht. Dem Substantiv geht meist ein Artikel voraus, und wenn der Artikel und ein weiteres Element im Vorfeld auftreten, sind die Möglichkeiten nicht sehr weit gestreut, weil im Vorfeld nur eine Konstituente stehen kann.

(4)   emuäb *hülbten* trod das eznag rhaj

hülbten steht in der typischen Position des finiten Verbs im Hauptsatz und es könnte ein Verb sein, da *hülbten* die Flexionsendung *-ten* trägt.

(5)   die uarf röhte das *thcin*

Wie ist das mit *thcin*? Gibt es mehrere Möglichkeiten, je nachdem ob der Artikel gefolgt von einem Element *thcin* am Anfang, in der Mitte oder am Ende eines Satzes steht? Welche Wortart kann *thcin* aufweisen? Da jeweils nur eine Konstituente topikalisiert werden kann, sind die Möglichkeiten dessen begrenzt, was zusammen mit einem Artikel am Satzanfang eine Konstituente bilden kann. Diese Beschränkung gibt es im restlichen Satz nicht, denn dort können beliebig viele Konstituenten auftreten. Demnach bleibt auch unklar, ob das dem Artikel nachfolgende Element noch zur selben Konstituente gehört.[1]

Morphologische Eigenschaften[2]
Lexikalische Kategorien (Wortarten) treten in unterschiedlicher Weise auf. Sie sind entweder flektiert oder unflektiert.

Flektierbar
– *Deklinierbar*: Substantiv (*Haus, Baum, Auto, ...*), Adjektiv (*groß, schön, hell, froh, ...*), Artikel (*der, die, das, ein, eine, ...*), Pronomen (*ich, du, mein, dein, dieser, jener, alle*)
– *Konjugierbar*: Verb (*kommen, gehen, geben, schenken, leben, ...*)

Unflektierbar
– Adverb (*oft, hier, sehr, viel, heute, ...*), Präposition (*in, an, auf, ohne, mit, seit, ...*), Konjunktion (*und, oder, daß, ob, weil, denn, ...*), Numeral (*eins, zwei Dutzend, zweierlei, dreimal, ...*), Interjektion (*äh, mmh, na, oh ...*)

Wichtiges Strukturierungsmerkmal ist im Deutschen, daß finites Verb und Subjekt eines Satzes immer in Person und Numerus kongruieren.

Deklination
– *Genus*: Maskulin, Feminin, Neutrum
– *Kasus*: Nominativ, Akkusativ, Genetiv, Dativ
– *Numerus*: Singular, Plural
– *(Komparation*: Positiv, Komparativ, Superlativ)

---

1   Vgl.: *Der Artikel geht dem Substantiv meist voraus. Bäume blühten dort das ganze Jahr. Die Frau hörte das nicht.*
2   Zu den morphologischen Eigenschaften finden Sie viel Übungs- und Anschauungsmaterial bei Helbig (1991: Abschnitt 2.2–2.11).

Konjugation
– *Person*: 1., 2. und 3.
– *Numerus*: Singular, Plural
– *Tempus*: Präsens: *regnet*, Präteritum: *regnete*, Perfekt: *hat geregnet*, Plusquamperfekt: *hatte geregnet*, Futur: *wird regnen*, Futurperfekt: *wird geregnet haben*
– *Modus*: Indikativ: *er kommt*, Konjunktiv: *er komme*, Imperativ: *komm*
– *Diathese/Genus Verbi*: Aktiv: *er findet ihn*, Passiv: *er wird gefunden*, (Mediale Konstruktion: *hier lebt es sich gut*)

3.2.2 Beispiele lexikalischer Kategorien

Substantive oder Nomina (N)
– unterscheiden sich im Genus: Maskulin, Feminin, Neutrum
– können in Kasus und Numerus dekliniert werden
– können wie folgt klassifiziert werden:
  a) Konkreta:
     Eigennamen: *Max, Stuttgart*, Gattungsnamen (Appellativa): *Katze, Professor*, Sammelbezeichnungen (Kollektiva): *Jugend, Polizei* und Stoffbezeichnungen: *Bier, Gold*;
  b) Abstrakta:
     Eigenschaften: *Treue, Güte*, Vorgänge: *Traum, Sturz*, Beziehungen: *Freundschaft, Hass*, Maße: *Stunde, Liter*
– umfassen auch z.B.: *ich, sich, einander, man, jemand, niemand, jeder, alle*. Diese werden als Pronomina bezeichnet. Sie bilden allein eine Nominalphrase. Siehe dazu 9.1

Artikel oder Determinatoren (D)
– treten zusammen mit einem Substantiv auf, mit dem sie kongruieren:
  eine Zeitung, keine Zeitung, die Zeitung, diese Zeitung, meine Zeitung, etwas Bier
– können alle auch als Pronomina verwendet werden (siehe 9.1).

Adjektive (Adj)
– können in Genus, Kasus und Numerus dekliniert werden
– sind komparierbar: der *große* Baum, der *größere* Baum, der *größte* Baum
– modifizieren Nomina:
  * attributive Verwendung: der *gute* Wein
  * prädikative Verwendung: der Wein ist *gut*
– modifizieren Verben:

* adverbiale Verwendung: der Wein schmeckt *gut*
  Streng genommen sind 'adverbial verwendete' Adjektive keine Adjektive, sondern Adverben, vgl. Englisch, wo sie mit '-ly' versehen sind: *she speaks slowly (Sie spricht langsam)*
  Nicht alle Adjektive können in allen Verwendungen auftreten (Adjektive mit eingeschränkter Verwendung):
* Nur attributiv verwendet werden Adjektive wie z.B.: der *obere, hintere, vordere, ...* Teil, der *hiesige, dortige, ...* Intendant
* Nur prädikativ verwendet werden Adjektive wie z.B.: *fit, gram, eingedenk, schuld, barfuß, klipp und klar, recht und billig*
* Attributiv und prädikativ, nicht aber adverbial verwendet werden Adjektive wie z.B.: *neblig, wolkig, regnerisch, sonnig, quadratisch, dreieckig, spitz, glatt, zart, schlammig, kränklich, schmächtig, tüchtig, zänkisch, blind, stumm, taub, ...*
* Attributiv und adverbial, aber nicht prädikativ verwendet werden Adjektive wie z.B.: *täglich, wöchentlich, ungefähr, völlig, gänzlich.* In bestimmten Bedeutungen ebenso Adjektive wie z.B.: Ein *starker* Trinker – er trinkt *stark*

Verben (V)
– können in Person, Numerus, Tempus, Modus und Genus Verbi konjugiert werden
– finite Verben kongruieren in Person und Numerus mit dem Subjekt
– Vollverben
  können das einzige Verb im Satz sein: *lesen, gehen, schlafen, geben*
– Auxiliare/Hilfsverben
  treten nur in Kombination mit anderen Verben auf und dienen zur Bildung analytischer Formen wie Tempus, Modus und Genus Verbi: gelesen *haben*, gegangen *sein*, gelesen *werden*
– Modalverben
  treten in Kombination mit Voll- und Kopulaverben im Deutschen auf: lesen *können*, hören *müssen*, ebenso: *sollen, dürfen, wollen, mögen, brauchen*
– Kopulaverben
  bilden das Prädikat zusammen mit einer NP, PP, AdjP, AdvP im Deutschen: (Formen von) sauer *werden*, gesund *bleiben*, Lehrer *sein*

Adverben (Adv)
– sind wie Präpositionen, Konjunktionen und Partikel nicht flektierbar
– treten in der Funktion von Adverbialen auf
– leisten die semantische Modifizierung von Verben, Adjektiven, Sätzen und Adverbialen

Man unterscheidet unter semantischem Aspekt:
* temporale: 'kommt *heute*'
* modale: 'fühlt sich *besser*'
* lokale: *hierher, innen*
* kausale: *folglich, trotzdem, krankheitshalber*
* Maß- und Gradangaben: *ziemlich, sehr*

Zwei besondere Gruppen bilden Satzadverben und Konjunktionaladverben:

– Satzadverben (SAdv)
geben die Stellungnahmen des Sprechers zum Inhalt des Satzes wieder
* in emotionaler Hinsicht: *leider, hoffentlich*
* die Einschätzung der Wahrscheinlichkeit: *vielleicht, möglicherweise*
* Kommentare anderer Art: *dummerweise, schlauerweise*

– Konjunktionaladverben (KAdv)
stellen ähnlich wie Konjunktionen verschiedene Verknüpfungen zwischen Sätzen her, z.B.: *daher, trotzdem, deshalb, folglich*. Im Gegensatz zu Konjunktionen können Konjunktionaladverben im Satz verschoben werden

(6)   a. Ich habe die Wahrheit gesagt, *leider* glaubt mir keiner

b. *Vielleicht* glaubt er mir, daß ich die Wahrheit sage

c. Es regnet. *Trotzdem* fällt das Fest nicht ins Wasser

d. Es regnet. Das Fest fällt *trotzdem* nicht ins Wasser

e. Es regnet. Ins Wasser fällt das Fest *trotzdem* nicht

Präpositionen (Präp)
Treten in der Regel in Verbindung mit einer NP auf, deren Kasus sie regieren (Akkusativ, Dativ oder Genitiv). Nach ihrer jeweiligen Position unterscheidet man:
– Präposition: *auf* der Wiese, *zu* den Tieren, *trotz* seines Einspruchs, *entgegen* unserer Meinung
– Postposition: den Kindern *zuliebe*, den Freunden *entgegen*
– Zirkumposition: *um* des lieben Friedens *willen*

Für die Präpositionen, die sowohl Dativ als auch Akkusativ regieren können, wird der Akkusativ nur für Richtungsangaben (direktional) verwendet: *in die Stadt, in der Stadt*.

Konjunktionen (Konj)
Sie stellen Verbindungen zwischen Sätzen und Satzteilen her.
– koordinierende Konjunktionen verbinden gleichrangige Sätze und Satzteile: *und, aber, oder*;

- subordinierende Konjunktionen (auch Subjunktionen) leiten untergeordnete Sätze (Nebensätze) ein: *daß, ob, weil, nachdem*.

(7)   a. Hans *und* Peter kommen heute

       b. Er schläft, *aber* sie arbeitet noch

(8)   a. Hans kommt heute, *weil* Fritz da ist

       b. Er weiß, *daß* er arbeiten soll

Konjunktionen lassen sich relativ leicht von Konjunktionaladverben unterscheiden. Subordinierende Konjunktionen sind z.B. auf die Position am Anfang des Nebensatzes fixiert, d.h. sie lassen sich nicht verschieben. Koordinierende Konjunktionen stehen immer zwischen zwei Konstituenten des gleichen Typs, d.h. sie können auch an anderer Stelle als am Satzanfang auftreten. Auch sie lassen sich jedoch nicht aus ihrer jeweiligen Position verschieben. Konjunktionaladverben können dagegen im Satz verschoben werden.

(9)   a. Ich glaube, *daß* er geht

       b. *Ich glaube, er geht *daß*

(10)   a. Ich komme, *und* er geht

       b. *Ich glaube, er geht *und*

       c. Ich komme, er *und* sie gehen

       d. *Ich komme, er sie *und* gehen

(11)   a. Er ist nicht eingeladen. *Trotzdem* kommt er heute

       b. Er ist nicht eingeladen. Er kommt *trotzdem* heute

       c. Er ist nicht eingeladen. Er kommt heute *trotzdem*

Modalpartikeln

Sie müssen unbetont sein. Sie zeigen die Einstellung des Sprechers zu seiner Äußerung. Auf eine Frage wie *Wo bist du gewesen?*, ist im folgenden Antwortbeispiel die Einstellung des Sprechers durch eine Modalpartikel gekennzeichnet.

(12)   Das muß ich dir *ja wohl / doch* nicht sagen

Gradpartikeln/Fokuspartikeln/Negationspartikeln/Antwortpartikeln

Die Konstituente, auf die sich diese Partikel bezieht, kann den Satzakzent tragen.

(13)   a. (*Nur*) Peter ist (*nur*) gestern (*nur*) im Kino gewesen

       b. (*Nicht*) Peter ist (*nicht*) gestern (*nicht*) im Kino gewesen

       c. Ist Peter (nicht) im Kino gewesen? *Ja / Nein / Doch*

Interjektionen/Gliederungspartikeln
Die Interjektionen sind (üblicherweise syntaktisch isolierte) Partikeln, mit denen Empfindungen ausgedrückt werden, die Laute nachahmen, oder Gemütsbewegungen signalisieren. Sie haben im allgemeinen keine Funktion als Satzglied, sondern dienen der Dialogsteuerung: *mmh, na, ja* ...

Numerale
Sie bilden eine semantisch einheitliche Wortgruppe zum Ausdruck von Mengenangaben. Die meisten Numerale gehören zur lexikalischen Kategorie Adjektiv, dazu zählen aber auch Nomina wie *Dutzend*, Indefinitpronomina wie *alle, viele*, ...
– Kardinale (Grundzahlen): *eins, zwei, drei*
– Ordinale (Ordnungszahlen): *erster, zweiter, dritter*
– Distributiva: *je eins, je zwei, je drei*
– Iterativa: *einmal, zweimal, dreimal*
– Multiplikativa: *einfach, zweifach, doppelt, dreifach*
– Partitiva (Bruchzahlen): *drittel, viertel*
– Spezialia (Gattungszahlwörter): *einerlei, zweierlei, dreierlei*
– indefinite Numerale: *alle, viele, manche*, ...

Lexikalische Kategorien bilden bei der Analyse syntaktischer Strukturen die kleinsten durch Konstituententests ermittelbaren Einheiten. Sie treten jedoch nie nur als isolierte lexikalische Kategorie auf, sondern sind immer auch Teile einer übergeordneten Konstituente (einer phrasalen Kategorie), selbst wenn diese Konstituente nur ein einzelnes lexikalisches Element beinhalten sollte.

3.3 Phrasale Kategorien

- Die Phrasenkategorien werden jeweils nach einer lexikalischen Kategorie benannt, die eine zentrale Rolle in dieser Phrase spielt. Diese zentrale Kategorie heißt **Kern** oder **Kopf** der Phrase.
- Phrasen werden also nach ihrem Kopf benannt und können andere phrasale Kategorien beinhalten.
- **Kopf** zu sein bedeutet, **Komplemente** (Ergänzungen) fordern zu können.

(14) a. Fritz wohnt im Keller.
    b. *Fritz wohnt. (*im Keller* ist Komplement)

(15) a. Fritz holt Bier im Keller.
    b. Fritz holt Bier. (*im Keller* ist kein Komplement)
    c. *Fritz holt im Keller. (*Bier* ist Komplement)

- **Komplemente** nehmen je nach regierendem Kopf eine bestimmte Position ein. Bei **kopfinitialer** Phrasenstruktur *folgen* die Komplemente dem Kopf, bei **kopffinaler** Struktur *gehen* die Komplemente dem Kopf *voran*.

kopfinitial	**Kopf** *Komplement*	**auf** *dem Tisch*
		dem Tisch **auf
kopffinal	*Komplement* **Kopf**	*den Berg* **hinauf**
		*****hinauf** *den Berg*

3.3.1 Phrasenkategorien und Komplementverteilung

Nominalphrasen – NP
sind kopfinitial, d.h. Komplemente des Kopfes stehen rechts vom Kopf. N.B.: Artikel und Adjektivattribute sind **keine** Komplemente.

(16) a. [NP die *Beschreibung* des Buches]

     b. [NP die *Beschreibung* von diesen vielen Büchern]

Adjektivphrasen – AdjP
Attributiv sind AdjPs immer kopffinal, d.h. eventuelle Komplemente stehen links vom Kopf.

(17) a. der [AdjP an Linguistik *interessierte*] Student

     b. *der [AdjP *gelangweilte* von Linguistik] Student

Prädikativ kommen Adjektivphrasen entweder kopffinal oder kopfinitial vor. Kopfinitiale AdjPs findet man insbesondere bei PP-Komplementen. Bei NP-Komplementen ist in der Regel kopffinale Stellung zu finden.

(18) a. Die Studentin ist [AdjP an Linguistik *interessiert*]

     b. Die Studentin ist [AdjP *interessiert* an Linguistik]

     c. Er ist [AdjP seiner Frau *treu*]

     d. *Er ist [AdjP *treu* seiner Frau]

Adverbialphrasen – AdvP
Kopfinitial oder kopffinal läßt sich meist nicht ermitteln, weil nur sehr wenige Adverben Komplemente haben. Wenn Komplemente auftreten, stehen sie **vor** dem Kopf, die Phrase ist in dem Fall also kopffinal.

(19) a. Sie liest [AdjP *oft*] Kriminalromane

     b. Sie liest [AdjP *gern*] Kriminalromane

(20) a. Er steigt [AdjP *hinauf*]
      b. Er steigt [AdjP den Berg *hinauf*]
      c. *Er steigt [NP den Berg]

Präpositionalphrasen – PP
Präpositionalphrasen können entweder kopfinitial, kopffinal oder beides sein.

kopfinitial

(21) a. Peter redet niemals [PP *mit* anderen Studenten]
      b. Peter geht auch niemals [PP *in* die Stadt]
      c. [PP *Nach* dem Buch] ist Deutsch eine SOV-Sprache
      d. *[PP Berlin *nach*] ist die Reise weit
      e. [PP *Gegenüber* dem Haus] liegt die Schule

kopffinal
In solchen Konstruktionen wird die Präposition auch Postposition genannt.

(22) a. [PP Dem Buch *zufolge*] ist Deutsch eine SOV-Sprache
      b. [PP Dem Buch *nach*] ist Deutsch eine SOV-Sprache
      c. [PP Dem Haus *gegenüber*] liegt die Schule
      d. Er hat das Buch nur [PP dem Vater *zuliebe*] gelesen

sowohl kopfinitial auch kopffinal
In solchen Konstruktionen wird die Präposition auch Zirkumposition genannt.

(23) a. [PP *Um* des lieben Friedens *willen*] ging er heim
      b. [PP *Von* Rechts *wegen*] gehört ihr das Buch

Verbalphrasen – VP
Ob es ein oder mehrere Komplemente in der VP gibt, hängt vom Verb ab. Intransitive Verben haben kein Komplement, transitive ein Komplement und ditransitive zwei Komplemente.

(25) a. Er hat geschlafen (intransitiv)
      b. Er ist gegangen (intransitiv)
      c. Er hat ein Bier geholt (transitiv)
      d. Er hat ihm kein Bier gegönnt (ditransitiv)

kopffinal

(25) a. ...daß Beate [Komplement dieses Buch] [V *liest*]
      b. ...ob Beate [Komplement in Stuttgart] [V *wohnt*]

Allerdings wäre angesichts der möglichen Abfolgevarianten in deutschen Sätzen die Festlegung auf eine kopffinale VP ohne eingehende Argumentation rein stipulativ. Wir wollen annehmen, daß sich sämtliche Wort- und vor allem Verbstellungsvarianten aus einer Basisreihenfolge ableiten lassen. Die Grundabfolge ist die Abfolge der Komplemente und des Verbs vor eventueller Bewegung: Es ließe sich daher für die Verbalphrase (VP) im Deutschen sowohl die Abfolge in (27a) Komplement(e) vor dem Verb, als auch in (27b) Verb vor Komplement(en), in Betracht ziehen.

(26) a. [$_{VP}$ Komplement(e) Verb]
VP ist kopffinal, die Komplemente gehen dem Verb voran

b. [$_{VP}$ Verb Komplement(e)]
VP ist kopfinitial, die Komplemente folgen dem Verb

(27) a. ... daß gestern der Mann dem Kind ein Märchen *erzählte*

b. Der Mann *erzählte* gestern dem Kind ein Märchen

In der Konfiguration, die im Hauptsatz vorliegt, finden wir scheinbar die kopfinitiale Abfolge (27b) und im Nebensatz die kopffinale Abfolge (27a). Als Basiskonstellation soll die Abfolge gelten, bei der die Unterschiede zwischen der Grundabfolge und der tatsächlichen Abfolge, vgl. (28) – (33), am einfachsten beschrieben werden können, um sowohl eine Verb-Zweit-, Verb-Erst- oder eine Verb-End-Struktur zu erzeugen, siehe Abschnitt 3.3.2. Anhand dieser Überlegungen läßt sich überprüfen, ob wir von einer kopfinitialen oder kopffinalen VP im Deutschen auszugehen haben.

- Wenn die Grundabfolge **Verb < Komplement** (kopfinitial) wäre, dann müßten folgende Änderungen stattgefunden haben:

(28) a. Sie hat gestern eine Geschichte [erzählt]
Partizip nach rechts bewegt

b. Sie wird morgen eine Geschichte [erzählen]
Infinitiv nach rechts bewegt

c. Sie wird morgen eine Geschichte [erzählt haben]
Partizip & Infinitiv nach rechts bewegt

d. Sie hat gestern eine Geschichte [erzählen können]
Infinitiv & Infinitiv nach rechts bewegt

e. Sie las gestern eine Geschichte [vor]
trennbare Partikel nach rechts bewegt

f. Sie wird morgen eine Geschichte [vorlesen]
    Infinitiv mit trennbarer Partikel nach rechts bewegt

(29) a. ... daß sie gestern eine Geschichte [erzählte]
    finites Verb nach rechts bewegt

b. ... daß sie gestern eine Geschichte [erzählt hat]
    finites Verb & Partizip nach rechts bewegt

c. ... daß sie morgen eine Geschichte [erzählen wird]
    finites Verb & Infinitiv nach rechts bewegt

d. ... daß sie morgen eine Geschichte [erzählt haben wird]
    finites Verb, Infinitiv & Partizip nach rechts bewegt

e. ... daß sie gestern eine Geschichte [hat erzählen können]
    finites Verb, Infinitiv & Infinitiv nach rechts bewegt

f. ... daß sie morgen eine Geschichte vorlesen wird
    finites Verb & Infinitiv mit trennbarer Partikel nach rechts bewegt

(30)   [Gestern] [hat] sie eine Geschichte [erzählt]

    Finites Verb nach links bewegt, Adverb nach links bewegt, Partizip nach rechts bewegt

- Wenn die Grundabfolge **Komplement < Verb** (kopffinal) wäre, dann müßten folgende Änderungen stattgefunden haben:

(31) a. Sie [hat] gestern eine Geschichte erzählt
    finites Verb nach links bewegt

b. Sie [wird] morgen eine Geschichte erzählen
    finites Verb nach links bewegt

c. Sie [wird] morgen eine Geschichte erzählt haben
    finites Verb nach links bewegt

d. Sie [hat] gestern eine Geschichte erzählen können
    finites Verb nach links bewegt

e. Sie [las] gestern eine Geschichte vor
    finites Verb nach links bewegt

f. Sie [wird] morgen eine Geschichte vorlesen
    finites Verb nach links bewegt

Syntaktische Kategorien

(32) a. ... daß sie gestern eine Geschichte erzählte
keine Bewegung

b. ... daß sie gestern eine Geschichte erzählt hat
keine Bewegung

c. ... daß sie morgen eine Geschichte erzählen wird
keine Bewegung

d. ... daß sie morgen eine Geschichte erzählt haben wird
keine Bewegung

e. ... daß sie gestern eine Geschichte hat erzählen können
keine Bewegung

f. ... daß sie morgen eine Geschichte vorlesen wird
keine Bewegung

(33) Gestern hat sie eine Geschichte erzählt

finites Verb nach links bewegt, Adverb nach links bewegt.

Wenn man die Grundabfolge **Verb < Komplement** annimmt, braucht man eine ganze Reihe verschiedener Regeln, weil einmal das finite Verb bewegt wird, einmal das Partizip, einmal der Infinitiv, ...

Wenn man dagegen die Grundabfolge **Komplement < Verb** annimmt, braucht man nur eine Regel: Linksbewegung des finiten Verbs. Dazu kommt, daß man diese Regel auch braucht, um einen Satz wie (30) zu erzeugen, wenn die andere Abfolge (**Verb < Komplement**) angenommen wird. Unter beiden Annahmen braucht man für Beispiele wie (30, 33) eine zusätzliche Regel für die Plazierung von *gestern* am Satzanfang

Die Abfolge **Komplement < Verb** macht also weniger Zusatzannahmen nötig, und ist daher der alternativen Abfolge (**Verb < Komplement**) vorzuziehen. Das heißt, daß wir die Beispiele wie folgt analysieren möchten:

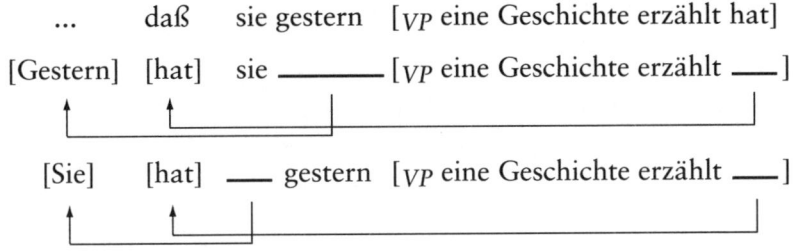

Dies heißt, daß alles was in einem Hauptsatz vor dem finiten Verb steht, dorthin bewegt worden sein muß. Das ist, was wir unter Vorfeldbesetzung verstehen, siehe auch: Abschnitt 2.2.1 und Abschnitt 5.1.

3.3.2 Phrasenkategorie 'Satz'

Die komplexeste phrasale Kategorie, mit der wir es zu tun haben, ist der abgeschlossene, vollständige Satz. Alle im vorigen Abschnitt dargestellten phrasalen Kategorien mit lexikalischen Köpfen sind obligatorische oder fakultative Bausteine der Satzkategorie. Zum einen ergibt sich daraus, daß die Satzkategorie alle übrigen phrasalen Kategorien unter sich einbettet. Zum anderen finden wir kein lexikalisches Element, das den Kopf dieser Kategorie bilden könnte. Zwar könnte man die satzeinleitenden Konjunktionen dazu heranziehen, hätte dann aber Probleme mit Sätzen, in denen das Verb an erster oder zweiter Position steht, denn dort sind diese Elemente nicht präsent. Für eine einheitliche Behandlung aller Satztypen trennen wir uns von der Idee eines lexikalischen Kopfes für die Satzkategorie. Zu den Funktionen von Sätzen verweisen wir auf Kapitelfunktionen und zu der internen Struktur von Sätzen auf Kapitel 5.

Satzformen
werden nach hierarchischen Abhängigkeiten differenziert. Wenn in einem Satz ein anderer Satz eingebettet ist, handelt es sich um einen **komplexen Satz.** Ist kein anderer Satz eingebettet, liegt ein **einfacher Satz** vor. **Matrixverben** sind Verben, die Sätze als Subjekt oder Komplement nehmen. (siehe auch Abschnitt 4.3).

(34) a. [Das Wasser ist heute warm]
(einfacher Hauptsatz)

b. [... [daß das Wasser heute warm ist]]
(einfacher *daß*-Nebensatz)

c. [Er versucht, [*das Wasser heute warm zu bekommen*]]
(komplexer Hauptsatz mit infinitem Komplement)

d. [Das Wasser ist heute warm, [*weil die Sonne scheint*]]
(komplexer Hauptsatz mit finitem subordiniertem Adverbialsatz)

e. [[*Weil die Sonne scheint,*] ist das Wasser heute warm]
(komplexer Hauptsatz mit finitem subordiniertem Adverbialsatz)

f. [Ich glaube, [*daß das Wasser heute warm werden wird*]]
(komplexer Hauptsatz mit finitem Objektsatz)

g. [Ich glaube, [daß Hans glaubt, [daß ich nicht verstehe, [mich zu verstellen]]]]
(Komplexer Hauptsatz mit finitem Objektsatz mit finitem Objektsatz mit infinitem Komplement)

Satzarten

werden nach ihrem semantischen oder pragmatischen Zweck differenziert

(35)   a. Das Wasser ist heute warm
Deklarativ- oder Aussagesatz

        b. Ist das Wasser heute warm?
Interrogativ- oder Fragesatz (Entscheidungsfrage)

        c. Wen hast du auf dem Fest getroffen?
Interrogativ- oder Fragesatz (Konstituentenfrage, auch Ergänzungsfrage oder W-Frage genannt)

        d. Drehe mal das Wasser wärmer!
Imperativ- oder Aufforderungssatz

        e. Wie warm das Wasser heute ist!
Exklamativ- oder Ausrufesatz

        f. Wenn das Wasser nur schon wärmer wäre
Optativ- oder Wunschsatz

Satztypen

werden nach der Stellung des finiten Verbs im Satz differenziert. Je nachdem, ob das finite Verb die erste, die zweite, oder die letzte Konstituente im einfachen, nicht durch eine koordinierende Konjunktion eingeleiteten (Teil-)Satz ohne Linksversetzung ist, unterscheidet man zwischen V-Erst-Sätzen, V-Zweit-Sätzen und V-End-Sätzen. (Siehe dazu auch Kapitel 5).

(36)   a. ... ob sich das Wasser bis heute mittag noch [*aufwärmt*]
V-End-Satz
subordinierte Sätze, Relativsätze, Optativsätze, Exklamativsätze

        b. Das Wasser [*wärmt*] sich bis heute mittag noch *auf*
V-Zweit-Satz

        c. Aufwärmen [*wird*] sich das Wasser ja wohl noch
V-Zweit-Satz

        d. Wer [*kommt*] heute zu dem Treffen?
V-Zweit-Satz
typischerweise Aussagesätze und Konstituentenfragen

        e. [*Wärmt*] sich denn das Wasser heute einigermaßen *auf*?
V-Erst-Satz

        f. [*Mach*] das Fenster zu!
V-Erst-Satz
meist Entscheidungsfragen und Imperativsätze

Zur Zuordnung von Satzarten zu Satztypen siehe: Abschnitt 4.2. Wie in Kapitel 5 ausführlicher beschrieben wird, können die Wortstellungsunterschiede zwischen den Satztypen dadurch erklärt werden, daß die linke Satzklammer in Verb-End-Sätzen die Nebensatzkonjunktion (ob, daß, weil) beherbergt, in Verb-Zweit- und Verb-Erst-Sätzen aber das finite Verb, und auch durch die Tatsache, daß das Vorfeld in Verb-End- und Verb-Erst-Sätzen leer bleibt.

4. Syntaktische Funktionen

> **Übersicht**
> - Satzglieder und Satzgliedfunktion
> - Satztypen und Satzarten
> - Funktionen von Sätzen

Die lexikalischen und phrasalen Kategorien üben innerhalb eines Satzes (oder einer kleineren Einheit) syntaktische Funktionen aus. Diese Funktionen können aus der Relation der Satzglieder zueinander bestimmt werden.

4.1 Satzglieder und Satzgliedfunktionen

4.1.1 Definition

Satzglieder sind diejenigen Konstituenten, die direkt vom Verb (Prädikat) abhängig sind, oder das Verb (Prädikat) modifizieren. Satzglieder sind selbst **keine Kategorien**, so wie 'Subjekt von etwas sein' keine Kategorie, sondern eine **Funktion** eines Elements einer bestimmten Kategorie ist. "Mit dem Relationscharakter hängt es (somit) (...) zusammen, daß man (...) keine Satzglieder unabhängig vom Satzkontext aufzählen kann". (Helbig 1991:108)

(1)   a. Das Kind hat die Tiger gesehen
Kind (NP) = Subjekt, Tiger (NP) = Objekt

b. Das Kind haben die Tiger gesehen
Kind (NP) = Objekt, Tiger (NP) = Subjekt

c. Die Tiger hat das Kind gesehen
Tiger (NP) = Objekt, Kind (NP) = Subjekt

d. Die Tiger haben das Kind gesehen
Tiger (NP) = Subjekt, Kind (NP) = Objekt

Im folgenden sind Satzglieder anhand von Beispielen dargestellt, die ihre Funktion im Satz verdeutlichen.

4.1.2 Subjekt

- Nach dem Subjekt kann mit *wer* oder *was* gefragt werden.
- Es trägt den *Nominativ*.

- Das Subjekt kann durch verschiedene Kategorien realisiert werden. Neben nominalen und pronominalen Elementen können auch Sätze in der Funktion des Subjekts auftreten, obwohl sie keinen Kasus tragen können vgl. (2b).

(2)   a. [*Die Rezension dieses Buches*] hat uns sehr überrascht

        b. [*Daß das Buch schlecht rezensiert wurde*], hat uns sehr überrascht

- Das Subjekt weist Kongruenz mit dem finiten Verb auf. Ändert man Person und Numerus beim Subjekt, müssen sich auch Person und Numerus des Finitums ändern. Subjektsätze zählen für die Kongruenz als 3. Person Singular.

(3)   a. Letzte Woche [*lag*] [*das Buch*] auf dem Tisch

        b. *Letzte Woche [*lag*] [*die Bücher*] auf dem Tisch

        c. *Letzte Woche [*lagen*] [*das Buch*] auf dem Tisch

        d. Letzte Woche [*lagen*] [*die Bücher*] auf dem Tisch

- Dem Subjekt entspricht (oft) ein Possessivum in einer Nominalisierung.

(4)   a. [*Paul*] hat ein Buch rezensiert

        b. [*Pauls*] Rezension des Buches

4.1.3 Akkusativobjekt / direktes Objekt

- Nach dem Akkusativobjekt kann mit *wen* oder *was* gefraget werden.
- Es trägt den *Akkusativ*.
- Wird der Satz passiviert, wird aus dem Akkusativ durch **Kasuskonversion** *Nominativ* (siehe Kapitel 8). Das Subjekt des Aktivsatzes kann im Passiv mit einer *von*-Phrase wieder aufgenommen werden.

(5)   a. Der Hans hat [*diesen Hund*] gefüttert

        b. *Der Hans hat *dieser / diesem / dieses Hund(es)* gefüttert

        c. [*Der Hund*] wurde (von Hans) gefüttert

        d. *[*Den Hund*] wurde (von Hans) gefüttert

4.1.4 Dativobjekt / indirektes Objekt

- Nach dem Dativobjekt kann mit *wem* oder *was* gefragt werden
- Es trägt den *Dativ*
- Wenn passiviert wird, ändert sich der Kasus des Dativobjekts nicht. Das Subjekt des Aktivsatzes kann ebenfalls wieder (von Fall zu Fall) mit einer *von*-Phrase aufgenommen werden.

(6)   a. Der Hans hat [*diesem armen Kind*] den Stofftiger geschenkt
        b. *Der Hans hat *dieser / diesen / dieses arme(n) Kind(es)* den Stofftiger geschenkt
        c. [*Dem armen Kind*] wurde der Stofftiger (von Hans) geschenkt
        d. *[*Das arme Kind*] wurde den Stofftiger (von Hans) geschenkt

Freier Dativ
- Alle freien Dative können problemlos weggelassen werden (Tilgungstest).
- Wie schon bei WEGENER (1985) festgestellt, verhalten sich nicht alle freien Dative in gleicher Weise. Es gibt zwei Sorten von freien Dativen:
  - erstens: freie Dative, die zu einem vorhandenen Dativ (auch einem weiteren freien Dativ, aber nicht einem dieser Sorte) hinzutreten können
  - zweitens: freie Dative, die nicht zusammen mit einem anderen Dativ (frei oder Dativobjekt) auftreten können, außer mit einem freien Dativ der ersten Sorte
  - Treten zwei Dative in einem Satz auf, so wird immer der erste als Dativ aus der ersten Gruppe interpretiert. *Daß du mir dem Vater hilfst!* (ethicus). Steht einer der Dative im Verb-Zweit-Satz links vom Finitum, so wird der zweite Dativ als Dativ aus der ersten Gruppe interpretiert.
- Freie Dative der ersten Sorte sind:
  - **Dativus ethicus** (ethischer Dativ) Meist in Imperativ- und Exklamativsätzen. *Komm mir nicht so spät heim, Du bist mir ein Schlingel. Fall mir nicht hin.* Häufig ein Personalpronomen (1. oder 2. Person). Wird pronominalisiert, so zeigt sich eine Beschränkung auf Pronomina der ersten und zweiten Person. *Fall dem Vater nicht hin. – *Fall ihm nicht hin.* Dieser Dativ kann zudem im Hauptsatz nicht an der Position vor dem finiten Verb auftreten. **Mir fall nicht hin.*
  - **Dativus iudicantis** (Dativ der Wertung) Dieser tritt immer zusammen mit **zu** auf. *Das ist mir zu teuer*
- Freie Dative der zweiten Sorte sind:
  - **Dativus commodi** (Dativ des Vorteils) Dieser Dativ kann mit *zum Vorteil von* umschrieben oder durch eine PP mit *für* ersetzt werden. *Er öffnet ihm die Tür – Er öffnet die Tür **für ihn***
  - **Dativus incommodi** (Dativ des Nachteils) Das negative Gegenstück zum commodi. Er kann mit *zum Nachteil von* umschrieben werden. *Die Vase fällt ihm zu Boden – Die Vase fällt (**zu seinem Nachteil**) zu Boden*

– **Pertinenzdativ** (Dativ des Besitzes) Der Dativ kann ohne Bedeutungsänderung durch ein Possessivpronomen ersetzt werden. *Er schneidet **ihr** die Haare – Er schneidet **ihre** Haare*

'bekommen'-Passiv
Eine passivähnliche Konstruktion mit *bekommen, kriegen, erhalten*, in der aus dem Dativobjekt und bestimmten freien Dativen der zweiten Sorte ein Nominativ wird, ist das sogenannte 'bekommen'-Passiv (auch Rezipientenpassiv). Das Subjekt des 'Aktivsatzes' kann wie beim gewöhnlichen Passiv mit einer *von*-PP wiederaufgenommen werden. Das Dativobjekt des 'Aktivsatzes' erhält den Nominativ.

Neben einem Großteil der Dativobjekte können auch der Dativus commodi und der Pertinenzdativ (und teilweise auch der Dativus incommodi) mit dieser Operation erfaßt werden.

(7)   a. Fritz schenkt [ihm] ein Buch (Dativobjekt)
        b. [Er] bekommt ein Buch *von Fritz* geschenkt
        c. Fritz schneidet [ihr] die Haare (Pertinenzdativ)
        d. [Sie] bekommt *von Fritz* die Haare geschnitten
        e. Er öffnet [ihr] die Tür (Dativus commodi)
        f. [Sie] bekommt *von ihm* die Tür geöffnet

(8)   a. Sie neidet [ihm] den Sieg Dativobjekt)
        b. *[Er] bekommt den Sieg geneidet
        c. Sie zerschlägt [ihm] das Glas (Dativus incommodi)
        d. *[Er] bekommt das Glas zerschlagen
        e. Sie nimmt [ihm] das Buch weg (Dativus incommodi)
        f. [Er] kriegt das Buch weggenommen
        g. Das Stück klingt [ihm] zu laut (Dativus iudicantis)
        h. *[Er] bekommt zu laut geklungen
        i. Sie kommt [ihm] spät nach Hause (Dativus ethicus)
        j. *[Er] bekommt spät nach Hause gekommen

4.1.5 Genitivobjekt

- Nach dem Genitivobjekt kann mit *wessen* gefragt werden
- Es trägt den *Genitiv* und kommt relativ selten vor. Es wird immer häufiger durch eine PP ersetzt.

(9)   a. Der Hans erinnert sich selten [*seines Elternhauses*]
         b. *Der Hans erinnert sich selten [*sein/seinem/Elternhaus*]
         c. Der Hans erinnert sich selten [*an sein Elternhaus*]

4.1.6 Präpositionalobjekt

Ein Präpositionalobjekt ist eine PP, die als Objekt fungiert. "Welche Präposition zu stehen hat, wird von dem Wort bestimmt, von dem das Präpositionalobjekt abhängig ist". (Drosdowski 1984:577). Ist die Präposition vom Verb gefordert und damit Teil eines Präpositionalobjekts, bleibt sie ohne erkennbare Semantik (10a). Liegt jedoch eine adverbiale Präpositionalphrase vor, so ist die Präposition nicht vom Verb festgelegt und spezifiziert semantisch die Beziehung zu ihrem NP-Komplement (10b).

(10)   a. Er wartet [*auf* den Freund] (auf wen?)
         b. Er wartet [*hinter/vor/neben* dem Bahnhof] (dort)

- Die Präposition kann hier nur Akkusativ oder Dativ regieren.
- Ein Präpositionalobjekt wird nicht von der Passivierung erfaßt.
- Ein Präpositionalobjekt kann z.B durch *danach / wonach / worauf* und durch *nach ihm / nach was (wem)* oder *auf ihn / auf wen (was)* ersetzt bzw. erfragt werden. Eine adverbiale PP dagegen kann auch durch ein anderes Adverb ersetzt werden, wie z.B. *dort, so, dann, ...* und so lassen sie sich auch unterscheiden.

4.1.7 Adverbial

(siehe auch Abschnitt 4.3.4)

- "Adverbiale sind Satzglieder, die der Beschreibung eines Sachverhalts i.d.R. *frei* hinzugefügt werden können. Ihre Inhalte bezeichnen die Umstände (Tempus, Lokalität, Art und Weise), die den beschriebenen Sachverhalt begleiten. Sie nennen Personen, denen der beschriebene Sachverhalt in irgend einer Weise von Interesse ist, und sie signalisieren die Einstellung des Sprechers zu dem beschriebenen Sachverhalt". (Schulz & Griesbach 1978:343).
- Adverbiale sind syntaktisch (an ihrer Bindung zum Prädikat) zu unterscheiden in:
  – freie Adverbialbestimmung (Angabe)

(11)   Er arbeitet [*gern*]

- obligatorische Adverbialbestimmung (Ergänzung)

(12)   a. Er fährt [*in die Stadt*]

        b. Berlin liegt [*an der Spree*]

- Adverbiale sind semantisch zu unterscheiden in:
  - Temporalbestimmung
  - Lokalbestimmung
  - Modalbestimmungen (Art und Weise)
    * Instrumentalbestimmung
    * Umstandsbestimmung
    * Komparativbestimmung
    * Substitutivbestimmung
    * Adversativbestimmung
  - Kausalbestimmung (Oberbegriff)
    * Kausalbestimmung
    * Konditionalbestimmung
    * Konzessivbestimmung
    * Konsekutivbestimmung
    * Finalbestimmung

(13)   a. Er kommt [*jeden Tag*] (Temporalbestimmung)

        b. Er arbeitet [*in der Stadt*] (Lokalbestimmung)

        c. Er ißt [*mit der Gabel*] (Instumentalbestimmung)

        d. Sie kocht [*mit großer Sorgfalt*] (Umstandsbestimmung)

        e. Ich bin größer [*als du*] (Komparativbestimmung)

        f. Hans arbeitet [*statt Fritz*] (Substitutivbestimmung)

        g. Hans arbeitet [*im Gegensatz zu Fritz*] (Adversativbestimmung)

        h. Sie hat [*vor Freude*] geweint (Kausalbestimmung)

        i. [*Mit etwas Fleiß*] könnte er seine Leistungen verbessern (Konditionalbestimmung)

        j. Er kam [*trotz Krankheit*] (Konzessivbestimmung)

        k. Sie sehen sich [*zum Verwechseln*] ähnlich (Konsekutivbestimmung)

        l. Er fährt [*zur Erholung*] ans Mittelmeer (Finalbestimmung)

Da die Objekte und die Adverbialbestimmungen zum Teil durch dieselben Konstituenten repräsentiert werden, werden sie oft verwechselt. Ein gutes Unterscheidungskriterium ist daher folgendes: Objekte können in der Regel durch Pronomina, Adverbialbestimmungen dagegen durch Adverben substituiert werden.

(14) a. Er ißt [*den ganzen Apfel*] – Er ißt [*ihn*] (Objekt)
  b. Er ißt [*den ganzen Tag*] – Er ißt [*lange/täglich*] (Adverbialbestimmung)
  c. Er wartet [*auf den Freund*] – Er wartet [*auf ihn*] (PP-Objekt)
  d. Er wartet [*auf dem Bahnhof*] – Er wartet [*dort*] (PP-Adverbial)

4.1.8 Prädikativ

- Prädikation – Zuordnung von Eigenschaften – bezieht sich auf ein Substantiv. Subjektsprädikative werden auch Prädikatsnomen genannt (das gilt sowohl für NPs als auch für AdjPs). Man unterscheidet zwischen:
- Subjektsprädikativ (bei Kopulaverben)
sofern das Prädikativ einen Kasus tragen kann, steht es im Nominativ

(15) a. [*Ärztin*] wird Maria nie
  b. Maria ist [*reich*]

- Objektsprädikativ (bei Verben wie *finden, nennen, heißen, schimpfen*, ...)
sofern das Prädikativ einen Kasus tragen kann, steht es im Akkusativ

(16) a. Sie fand das Buch [*etwas teuer*]
  b. Sie fand das Buch [*zum Weinen*]
  c. Er nannte ihn [*seinen Freund*]

4.1.9 Attribut

Ein Attribut hat im Gegensatz zu anderen funktionalen Kategorien keinen Satzgliedcharakter. Während Satzglieder im Satz verschiebbar sind, lassen sich Attribute im allgemeinen nur zusammen mit ihrem Bezugselement umstellen. Attribute sind Teile einer Nominalphrase, zu der sie fakultativ hinzutreten können. Durch ihr freies Auftreten und die Gebundenheit an ihr Bezugselement behandelt man sie als Satzgliedteile.

(17) a. [*Er*] beantwortet den Brief heute
  topikalisiertes Subjekt
  b. [*Den Brief*] beantwortet er heute
  topikalisiertes Objekt
  c. [*Heute*] beantwortet er den Brief
  topikalisiertes Adverbial
  d. Er beantwortet [*den Brief* [*des Freundes*]] heute
  Objekt mit Genitivattribut
  e. *[*Des Freundes*] beantwortet er [*den Brief* ...] heute
  topikalisiertes Attribut

f. [*Den Brief* [*des Freundes*]] beantwortet er heute topikalisiertes Objekt mit Genitivattribut

Mit Attributen lassen sich verschiedene Teilaussagen in **einem** Satzglied vereinigen. (Zur Einteilung vgl. auch Wunderlich 1988)

(18)   a. Das Buch ist neu

         b. Das Buch gehört meinem Bruder

         c. Das Buch hat er sich gestern gekauft

         d. Das *neue* Buch meines Bruders, das er sich gestern gekauft hat
               a.   *b.*   *c.*

Aussage a) korreliert im obigen Beispiel mit einem Adjektivattribut, b) mit einem Genitivattribut, c) mit einem Attributsatz.

Adjektivattribute
Durch Adjektivattribute lassen sich insbesondere Prädikative als Teile einer Nominalphrase repräsentieren, wobei das Adjektiv stets dem Kopf der Nominalphrase vorangeht. Sie kongruieren mit ihrem Bezugsnomen in Numerus, Genus und Kasus. Abhängig vom definiten (*der* / *die* / *das*) oder indefiniten Artikel (*ein* / *-e*) beobachtet man unterschiedliche Flexionsformen.

(19)   a. das *neu-e* Buch vs. ein *neu-es* Buch

         b. der *spannend-e* Roman vs. ein *spannend-er* Roman

Genitivattribute
Durch Genitivattribute wird primär eine Besitzrelation zum Ausdruck gebracht. Sie können sowohl postnominal (dem Bezugsnomen nachgestellt) als auch pränominal (dem Bezugsnomen vorangestellt) auftreten. In pränominaler Stellung treten üblicherweise, aber nicht ausschließlich, Eigennamen auf. Dabei alterniert der pränominale Genitiv mit dem Auftreten eines Artikels. Als Genitivattribute können aber ebenso die Argumente eines nominalisierten Verbs realisiert werden.

(20)   a. *das* Buch vs. *sein* Buch vs. *Karls* Buch

         b. *das* (**sein*) (**Karls*) Buch

(21)   a. [*Die Urlauber*]$_{SUBJ}$ hoffen auf gutes Wetter

         b. Die Hoffnung [*der Urlauber*]$_{ATTR}$ auf gutes Wetter

         c. *Cäsar* zerstörte [*die Stadt*]$_{OBJ}$

         d. Die Zerstörung [*der Stadt*]$_{ATTR}$ (durch Cäsar)

Attributsätze

Abhängig von nominalen Elementen können recht unterschiedliche satzwertige Konstituenten als Attribute in einer NP auftreten. So finden sich Relativsätze mit einem einleitenden Relativpronomen: *die Ansicht,* **die** *er heute geäußert hat,* Komplementsätze mit einer satzeinleitenden Konjunktion: *die Ansicht,* **daß** *die Erde eine Scheibe sei* und satzwertige Infinitive: *die Absicht, heute noch zu kommen.* Zur genaueren Darstellung von Sätzen, die Teilkonstituenten komplexer Nominalphrasen bilden, verweisen wir auf den Abschnitt 4.3.3.

Außer den bereits genannten lassen sich noch folgende Attribute unterscheiden:

Präpositionalattribute (postnominal)

(22) a. der Vetter [*aus Dingsda*]
      b. das Eis [*für 50 Pfennig*]
      c. die Figur [*aus Porzellan*]
      d. das Foto [*von Hans*]

Adverbattribute (postnominal)

Eine Umstellung im Satz ist bei Adverbattributen nicht möglich. Tritt ein Adverb getrennt von einer Nominalphrase auf, kann es sich nur um ein verbmodifizierendes Adverbial und damit um ein Satzglied handeln.

(23) a. [Der Student [*dort*]] schläft
         Satzgliedteil: Lokalattribut

      b. Der Student schläft [*dort*]
         Satzglied: Lokaladverbial

      c. [Der Unterricht [*gestern*]] war langweilig
         Satzgliedteil: Temporalattribut

      d. Der Unterricht war [*gestern*] langweilig
         Satzglied: Temporaladverbial

Apposition (postnominal)

Die Apposition ist ihrem Bezugsnomen nachgestellt. Die appositiv auftretende Nominalphrase steht im selben Kasus wie ihr Bezugsnomen (Kasuskopie).

(24) a. Kirk, *der Kommandant der Enterprise*
      b. Apposition, *eine beliebte Erweiterung der Nominalphrase*

Juxtaposition (pränominal)

Die juxtaponiert auftretende Nominalphrase steht im selben Kasus wie ihr Bezugsnomen (Kasuskopie) und geht diesem voraus.

(25)   a. der *Kommandant* Kirk
       b. der *Weinkenner* Schmitt

Partizipialattribute (pränominal)
Der Bildung von Partizipialattributen können sowohl das Präsenspartizip als auch das Perfektpartizip zugrunde liegen. Ein attributiv verwendetes Präsenspartizip bezieht sich stets auf das Subjekt des Verbs, aus dem es gebildet wurde. Ein attributiv verwendetes Perfektpartizip bezieht sich in der Regel auf das direkte Objekt des Verbs, aus dem es gebildet wurde. Zu den Ausnahmen verweisen wir auf den Abschnitt 8.4.2.

(26)   a. [*Der Student*]_SUBJ arbeitet Tag und Nacht
       b. der [*(Tag und Nacht) arbeitende*] Student

(27)   a. [*Die Prüfungen*]_SUBJ plagen [*den Studenten*]_OBJ
       b. der [*(von Prüfungen) geplagte*] Student
       c. *die [*geplagte*] Prüfung

Subjekts- und Objektsattribute
Diese Attribute lassen sich zwar ohne ihr Bezugsnomen topikalisieren, können aber sonst aus ihrer verbnahen Basisposition heraus nicht umgestellt werden. Da sie sich auf nominale Satzglieder beziehen und nicht das Prädikat modifizieren, erweisen sie sich als Attribute. Durch ihre partielle Umstellbarkeit zeigen sie jedoch auch einen gewissen Satzgliedcharakter. Subjekts- und Objektsattribute sind im Gegensatz zu Prädikativen fakultativ.

(28)   a. Sie hat das Casino [*reich*] verlassen (Subjektsattribut)
       b. [*Reich*] hat sie das Casino verlassen
       c. ?Sie hat [*reich*] das Casino verlassen

(29)   a. Sie hat den Kaffee [*ungesüßt*] getrunken (Objektsattribut)
       b. [*Ungesüßt*] hat sie den Kaffee getrunken
       c. ??Sie hat [*ungesüßt*] den Kaffee getrunken

4.2 Zuordnung der Satztypen zu Satzarten

- **Verb-Erst** (Das finite Verb ist die erste Konstituente)
  [*Kommt*] Hans heute?
- **Verb-Zweit** (Das finite Verb ist die zweite Konstituente)
  Hans [*kommt*] heute

- **Verb-End** (Das finite Verb ist die letzte Konstituente)
  ... daß Hans heute [*kommt*]

4.2.1 Deklarativsätze

(30)   Hans [*kommt*] heute zurück

Deklarativsätze sind fast ausnahmslos Verb-Zweit-Sätze. Verb-Erst tritt nur gelegentlich am Anfang bestimmter Kontexte auf, z.B. bei Witzen:[1]

(31)   [*Kommt*] ein Mann in die Bar...

4.2.2 Interrogativsätze

Interrogativsätze sind zu unterscheiden in:

Entscheidungsfragen (Ja/Nein-Fragen)

(32)   [*Hast*] du das Buch gelesen? Ja / Nein

Entscheidungsfragen sind in der Regel Verb-Erst-Sätze, es kommen auch Verb-Zweit-Sätze vor:

(33)   Du [*hast*] das Buch gelesen? Ja /Nein

Konstituentenfragen (W-Fragen)

(34)   Welches Buch [*hast*] Du gelesen?

Konstituentenfragen sind Verb-Zweit-Sätze, bei denen das Fragepronomen am Satzanfang steht. Ein Spezialfall von Konstituentenfragen sind sogenannte Echo-Fragen, in denen ein vorangegangener Satz wiederholt wird, wobei die zu erfragende Konstituente durch ein Fragepronomen markiert wird, das an derselben Stelle auftritt wie im Ausgangssatz. Das Pronomen ist meist stark akzentuiert.

(35)   Ich habe Hans gesehen. – Du hast [*wen*] gesehen?

Eingebettete Fragen (indirekte Fragen)
Indirekte Fragen sind subordinierte Verb-End-Sätze.

(36)   a. Ich weiß nicht, ob du das Buch gelesen [*hast*]
           Verb-End (eingebettete Ja/Nein-Frage)
        b. Ich weiß nicht, welches Buch du gelesen [*hast*]
           Verb-End (eingebettete W-Frage)

---

1   Mit freundlicher Genehmigung von Joachim Ballweg

4.2.3 Imperativsätze (Aufforderungssätze)

Hier sind alle Satztypen möglich:

(37) a. [*Reicht*] bitte die Hausaufgaben [*ein*]
      b. Die Hausaufgaben [*reicht*] bitte heute [*ein*]
      c. Die Hausaufgaben bitte heute [*einreichen*]

Wird das imperative Verb durch einen Infinitiv ersetzt, rückt das Verb in die Verb-End-Position.

4.2.4 Exklamativsätze

Hier sind ebenfalls alle Satztypen möglich:

(38) a. [*Bist*] Du aber groß geworden
      b. Du [*bist*] aber groß geworden
      c. Wie groß Du geworden [*bist*]

4.2.5 Konditionalsätze

(ohne *wenn* – Verb-Erst, mit *wenn* – Verb-End)

(39) a. [*Hätte*] er Zeit gehabt, wäre er sicher gekommen
      b. Wenn er Zeit gehabt [*hätte*], wäre er sicher gekommen

4.2.6 Wunschsätze

(ohne *wenn* – Verb-Erst, mit *wenn* – Verb-End)

(40) a. [*Würde*] er doch nur Zeit haben
      b. Wenn er doch nur Zeit haben [*würde*]

4.3 Grammatische Funktionen von Sätzen

- Hauptsätze
- Nebensätze
  - Subjektsätze
  - Objektsätze
  - Attributsätze
  - Adverbialsätze

4.3.1 Subjektsätze (mit und ohne Korrelat)

Das Subjekt eines Satzes kann wiederum ein Satz sein, der Subjektsatz. Ist der Subjektsatz nachgestellt, so kann (bzw. muß) im Hauptsatz ein Pronomen auftreten, das den Bezug zu dem folgenden Subjektsatz herstellt. Dieses Pronomen wird **Korrelat** genannt. Meist handelt es sich um das Pronomen *es*, ebenfalls möglich ist *das*.

(41) a. [*Daß Inge den Schlüssel immer sucht*], wundert (*es) mich nicht
      b. *Das/Es* wundert mich nicht, [*daß Inge den Schlüssel immer sucht*]
      c. Max weiß, daß ?(*es*) mich nicht wundert, [*daß Inge den Schlüssel immer sucht*]

4.3.2 Objektsätze (mit und ohne Korrelat)

Analog zu Subjekten können auch Objekte von Sätzen wiederum Sätze sein. Dies gilt sowohl für direkte Objekte als auch für Präpositionalobjekte. Während ein Korrelat zu einem Objektsatz, der für ein direktes Objekt steht, meist optional ist, können Präpositionalkorrelate in der Regel nicht weggelassen werden.

Objektsätze, die für ein Präpositionalobjekt stehen, werden meist nachgestellt. Ist dies nicht der Fall, können sie nur linksversetzt auftreten, aber nicht im Vorfeld (siehe dazu Kapitel 5).

(42) a. Hans hat *es* versprochen, [*daß er eine Geschichte vorliest*]
      b. Hans hat versprochen, [*daß er eine Geschichte vorliest*]
      c. [*Daß er eine Geschichte vorliest*], hat Hans versprochen
      d. [*Daß er eine Geschichte vorliest*], das hat Hans versprochen
      e. Hans hat *damit* gerechnet, [*daß er eine Geschichte vorlesen muß*]
      f. *Hans hat gerechnet, [*daß er eine Geschichte vorlesen muß*]
      g. *[*Daß er eine Geschichte vorlesen muß*], hat Hans gerechnet
      h. [*Daß er eine Geschichte vorlesen muß*], damit hat Hans gerechnet

4.3.3 Attributsätze

Restriktive Relativsätze
sind schriftlich meist nicht von nicht-restriktiven Relativsätzen zu unterscheiden. In der gesprochenen Sprache liegt der Akzent auf dem Artikel. Die restriktive Variante kann auch durch einen geeigneten Artikel erzwungen werden, etwa durch *derjenige* anstelle von *der*.

(43) a. Die meisten / Diejenigen Dänen, [*die viel Bier trinken,*] sind gute Fußballspieler
(im Gegensatz zu den Dänen, die nicht viel Bier trinken)

b. Peter hat (genau/nur) die Bücher gelesen, [*die ihm empfohlen wurden*]

Nicht-restriktive Relativsätze
sind schriftlich meist nicht von restriktiven Relativsätzen zu unterscheiden. In der gesprochenen Sprache liegt der Akzent auf dem Nomen, nicht, wie bei restriktiven Relativsätzen, auf dem Artikel. Die nicht-restriktive Variante kann auch durch Partikeln wie *übrigens* im Relativsatz erzwungen werden.

(44) a. Die Dänen, [*die (übrigens) viel Bier trinken,*] sind gute Fußballspieler
(im Gegensatz zu oben sind hier alle Dänen gemeint)

b. Peter hat (auch) 'Ulysses' gelesen, [*der ihm empfohlen wurde*]

Freie Relativsätze (ohne Bezugselement)
vertreten Komplemente und Adverbiale.

(45) a. [*Wer wagt,*] gewinnt

b. Hans sagt, [*was er will*]

Im Gegensatz zu eingebetteten Fragen können freie Relativsätze problemlos in Relativsätze mit Bezugselement umgeformt werden.

(46) a. [*Wer gewinnt,*] wird reich (freier Relativsatz)

b. Der, [*der gewinnt,*] wird reich

c. [*Wer gewinnt,*] ist noch unklar (eingebettete Frage)

d. *Der, [*der gewinnt,*] ist noch unklar

(47) a. Hans kauft, [*was er will*] (freier Relativsatz)

b. Hans kauft das, *das er will*

c. Hans fragt sich, [*was er will*] (eingebettete Frage)

d. *Hans fragt sich das, *das er will*

Weiterführende Relativsätze (weiterführende Nebensätze)
sind formal nicht von freien Relativsätzen oder eingebetteten Fragen zu unterscheiden. Im Gegensatz zu diesen lassen sie sich durch entsprechende Verb-Zweit-Sätze ersetzen.

(48) a. Er wohnt in München, *worüber er auch froh ist*

b. Er wohnt in München, *was sehr teuer ist*

(49) a. Er wohnt in München, *worüber er auch froh ist* (weiterführender Relativsatz)
   Er wohnt in München. *Darüber ist er auch froh*
   b. Er tut, *was er will* (freier Relativsatz)
   *Er tut. Das will er.
   c. Er weiß nicht, *was er tun soll* (eingebettete Frage)
   *Er weiß nicht. Das soll er tun.

Komplementsätze zu einem Substantiv

(50) a. Die Hoffnung, [*daß er heute noch ankommt,*] hatte er schon aufgegeben
   b. Die Hoffnung, [*heute noch anzukommen,*] hatte er schon aufgegeben
   c. Die Ansicht, [*daß zwei mal zwei vier sei,*] ist weit verbreitet

4.3.4 Adverbialsätze

Siehe auch Abschnitt 4.1.7. Vgl. auch Helbig (1991:138).

Adverbialsätze werden, analog zu den Adverbialen semantisch unterschieden in:
– Temporalsätze
– Lokalsätze
– Modalsätze (Art und Weise)
  * Instrumentalsätze
  * (fehlender) Begleitumstand
  * Komparativsätze
  * Spezifizierung
– Kausalsätze
  * Kausalsätze
  * Konditionalsätze
  * Konzessivsätze
  * Konsekutivsätze
  * Finalsätze
– Substitutivsätze
– Adversativsätze

Temporalsätze

(51) a. Anna schlief, [*während Hans spülte*] (gleichzeitig)
      b. Anna hat geschlafen, [*nachdem Hans gekommen ist*] (vorzeitig)
      c. Anna hat geschlafen, [*bevor Hans gekommen ist*] (nachzeitig)

Lokalsätze

(52) a. Der Wald beginnt, [*wo die Straße aufhört*]
      b. Die Teller stehen, [*wo sie hingehören*]

Modalsätze
– Instrumental

(53) a. Anna hat mir geholfen, [*indem sie die Aufgaben korrigiert hat*]
      b. Anna hat mir dadurch geholfen, [*daß sie die Aufgaben korrigiert hat*]

– (fehlender) Begleitumstand

(54) Anna ist eingeschlafen, [*ohne daß wir es gemerkt haben*]

– Komparativsätze
  Gleichheit, hypothetische Gleichheit, Ungleichheit, proportionales Verhältnis)

(55) a. Wir bleiben so lange hier, [*wie es uns Spaß macht*]
      b. Sie haben sich so gefreut, [*als ob es ihnen Spaß gemacht hätte*]
      c. Wir blieben länger hier, [*als es uns Spaß gemacht hat*]
      d. Je mehr sie sich gefreut hatte, [*um so mehr Spaß hat es uns gemacht*]

– Spezifizierung

(56) Ich bin insofern einverstanden, [*als der Film einfach zu lang war*]

Kausalsätze
– Kausal (Ursache), Konditional (Bedingung), Konzessiv (Gegengrund, Zugeständnis)

(57) a. [*Weil Anna mir geholfen hat,*] werde ich sie heute einladen
      b. [*Falls Anna mir hilft,*] lade ich sie heute ein
      c. [*Obwohl Anna mir nicht immer hilft,*] lade ich sie heute ein

– Konsekutivsätze (Folge)

(58) a. Anna ist eingeschlafen, [*weshalb sie die Haltestelle verpaßt hat*]
      b. Anna ist eingeschlafen, [*so daß sie die Haltestelle verpaßt hat*]

– Finalsätze (Zweck)

(59) a. Anna ist gegangen, [*damit sie sich den Ärger nicht anhören muß*]

b. Anna ist gegangen, [*um sich das nicht anhören zu müssen*]

Substitutivsätze

(60) a. [*Anstatt zu schlafen,*] schwimme ich lieber

b. [*Anstatt daß ich heute schlafe,*] schwimme ich lieber

Adversativsätze

(61) [*Während es gestern ziemlich kalt war,*] ist es heute sehr warm

(62) Fritz arbeitet, [*wogegen Paul schläft*]

(63) Heute ist es warm, [*gestern war es jedoch sehr kalt*]

5. Topologische Grundbegriffe

Übersicht	• Felderanalyse
	• Felderinhalte

5.1 Felderanalyse

Dem deutschen Satz – ob Haupt- oder Nebensatzmuster – liegt eine Struktur zugrunde, die durch eine topologische Felderanalyse darstellbar ist. Mit der Felderanalyse hat man die Möglichkeit, wie bei einem Baukastensystem, alle möglichen Satztypen des Deutschen zu analysieren.

(1) a. | finites Verb | übriger Satz |
(Verb-Erst (V 1), typische Abfolge in ja-nein Fragen)

b. | Eine Konstituente | finites Verb | übriger Satz |
(Verb-Zweit (V 2), typische Hauptsatzabfolge)

c. | nebensatzeinleitende Konjunktion | übriger Satz | finites Verb |
(Verb-End (VE), typische Nebensatzabfolge)

In der Felderanalyse werden folgende Felder als Grundmuster in der festen Abfolge angenommen:

| Vorfeld | Linke Satzklammer | Mittelfeld | Rechte Satzklammer | Nachfeld |

Mit Hilfe der Felderanalyse versucht man, den unter (1) vorgestellten Abfolgen gerecht zu werden.

	Vorfeld	Linke Satzklammer	Mittelfeld	Rechte Satzklammer	Nachfeld
V 1		finites Verb	Konstituenten	inf. V	Konstituente
V2	Konstituente	finites Verb	Konstituenten	inf. V	Konstituente
VE		Konjunktion	Konstituenten	inf. V finites Verb	Konstituente

| obligatorisch | fakultativ

Je nach Verb können auch ein Subjekt und ein oder mehrere Objekte obligatorisch sein, was vor allem Mittel- und Nachfeldbesetzung betrifft. Deren Besetzung wird also durch die Stelligkeit des Verbs bestimmt.

Im folgenden werden die einzelnen Felder im Überblick besprochen. Zusätzliche Informationen finden Sie unter Abschnitt 5.2, sowie in Kapitel 6. In der folgenden Liste beziehen sich alle Verweise auf Beispiele auf die Tabelle auf Seite 55f. Zum Aufbau des topologischen Feldermodells (Vgl. Höhle 1986, Grewendorf, Hamm & Sternefeld 1993:215).

- Im **Vorfeld** steht fakultativ nur **eine** Konstituente, die beliebig komplex sein kann. Das Vorfeld bleibt z.B. leer bei Sätzen mit nebensatzeinleitender Konjunktion, (Beispiel (a)), Verb-Erst-Sätzen, z.B. Ja/Nein-Fragen, (Beispiel (g)) ...
- Die **linke Klammer** enthält entweder das finite Verb, oder eine nebensatzeinleitende Konjunktion (*daß, ob, weil, ...*). Die **linke Klammer** ist nur dann **nicht besetzt**, (vgl. dazu aber Reis 1985), wenn:
  – eine eingebettete Konstituentenfrage vorliegt, dann ist das **Vorfeld** von einem Fragepronomen (w-Element) besetzt und die **linke Satzklammer** leer (vgl. (u-2)).
  – ein Relativsatz vorliegt, dann ist das **Vorfeld** von einem Relativpronomen besetzt und die **linke Satzklammer** leer. Vgl. (v-3) mit:
  eine Geschichte, deren Inhalt jedem gefallen sollte oder
  eine Geschichte, deren Inhalt jeder kennt
  deren Inhalt als Konstituente ist zu groß, um in der linken Satzklammer stehen zu können und muß daher im Vorfeld stehen.
  – ein Infinitivsatz vorliegt, dann ist sowohl das **Vorfeld** als auch die **linke Satzklammer** leer, vgl. (v-2).
- Im **Mittelfeld** können, im Gegensatz zum Vorfeld, beliebig viele Konstituenten stehen. Die Grenze zwischen Mittelfeld und **rechter Satzklammer** kann Konstituenten aufbrechen; vgl. (b) ... *eine Geschichte erzählt*. Was in (c) im Vorfeld steht, kann daher als Konstituente (und zwar eine VP) *eine Geschichte erzählt* betrachtet werden.
- In der **rechten Satzklammer** stehen alle infiniten Verben und auch das finite Verb, falls es nicht in der linken Klammer steht. Ist ein Verb dagegen Teil einer satzartigen Konstituente, dann steht es natürlich auch auf anderen Feldern, eingebettet in diese Konstituente. Infinite Verben können auch ins Vorfeld verschoben werden, es handelt sich dabei dann allerdings um eine abgeleitete Position dieser Konstituente, vgl. (j).
- Die **Nachfeldbesetzung** ist bei Subjekt-, Objekt-, Adverbial- oder Relativsätzen beinahe obligatorisch (wegen besserem Verständnis), vgl. (l), (n), (p), (t), (u-2), (v-2).

Topologische Grundbegriffe

	VF	LK	MF	RK	NF
(a)		daß/ob	sie eine Geschichte	erzählte/erzählen wird	
(b)		ob	sie eine Geschichte	erzählt hat	
(c)	Eine Geschichte erzählt	hat	sie doch erst gestern		
(d)	Sie	erzählte	eine Geschichte		
(e)	Sie	hat	eine Geschichte	erzählt	
(f)	Sie	wird	eine Geschichte	erzählen/erzählt haben	
(g)	Sie	Hat	sie eine Geschichte	erzählt	
(h)	Sie	fängt	eine Geschichte	an	zu erzählen
(g)	Vielleicht	hat	sie eine Geschichte	erzählt	
(j)	Erzählt	hat	sie eine Geschichte		
(k)	Eine Geschichte	hat	sie	erzählt	
(l)	Die Kinder	haben		gesagt	sie hat eine Geschichte erzählt
(m)	Sie hat eine Geschichte erzählt	haben	die Kinder	gesagt	
(n)	Die Kinder	haben		gesagt	daß sie eine Geschichte erzählt hat
(o)	Daß sie eine Geschichte erzählt hat	haben	die Kinder	gesagt	
(p)	Ich	weiß	nicht		ob sie eine Geschichte erzählt hat
(q)	Ob sie eine Geschichte erzählt hat	weiß	ich nicht		
(r-1)	Hätte sie Zeit gehabt	hätte	sie eine Geschichte	erzählt	
(r-2)		hätte	sie Zeit	gehabt	
(s-1)	Wenn sie Zeit gehabt hätte	hätte	sie sicher eine Geschichte	erzählt	
(s-2)		Wenn	sie Zeit	gehabt hätte	
(t)	Sie	hätte	sicher eine Geschichte	erzählt	wenn sie Zeit gehabt hätte
(u-1)	Welche Geschichte, du glaubst, daß sie erzählt hat	weiß	ich nicht		
(u-2)	Welche Geschichte	daß	du	glaubst	daß sie erzählt hat
(u-3)			sie	erzählt hat	
(v-1)	Eine Geschichte vorzulesen, die jedem gefallen sollte	hat	sie	versucht	
(v-2)			eine Geschichte	vorzulesen	die jedem gefallen sollte
(v-3)	die		jedem	gefallen sollte	

5.2 Felderinhalte

Sowohl Vor-, Mittel-, als auch Nachfeld können einen oder mehrere Sätze beinhalten, die selbst wieder nach dem Feldermodell analysiert werden können. (Vgl. die Beispiele in der Tabelle auf Seite 55) Ausgehend vom Haupsatz erhält man so gegebenfalls eine tief verschachtelte Anordnung von Feldern. So kann z.B. im Vorfeld eines Satzes wieder ein Satz mit Vor- Mittel- und Nachfeld stehen, ebenso im Nachfeld oder (Relativsätze) auch im Mittelfeld eines Satzes. Aus der hierarchischen Verschachtelung ergibt sich, daß, wenn ein untergeordneter Satz im Vorfeld eines anderen, übergeordneten Satzes steht, dieser **nicht** im Nachfeld des untergeordneten Satzes steht, d.h. es gibt immer nur **eine** Analyse für den Gesamtsatz. (Zu den Felderinhalten vgl. auch: Abraham 1995:565–603, Höhle 1986, Reis 1987)

5.2.1 Koordinations- / Parordinationsposition

Man nimmt an, daß sich die Position von Koordinationspartikeln (*und, oder, aber,* ...) und parordinierenden Partikeln (*denn, weil,* ...) vor allen anderen topologischen Feldern befindet.

Koordinationsposition	Vorfeld	Linke Satzklammer	...

(2)   a. ...ob sie reich ist [KOORD*oder*] ob sie schön ist
      b. ...daß sie reich ist [KOORD*und*] daß sie schön ist
      c. ...sie ist glücklich [PARORD*denn*] sie ist beliebt

5.2.2 Vor-Vorfeld – Linksversetzung

Dies ist die Position für eine abhängige Konstituente, die dem Vorfeld vorangeht. Ein ins Vor-Vorfeld verschobenes Element muß durch ein mit ihm in Numerus, Genus und Kasus identisches Demonstrativpronomen (Resumptivpronomen) wiederaufgenommen werden.

Vor-Vorfeld	Vorfeld	Linke Satzklammer	...

(3)   a. [*Die Sonne*], [die] scheint mal wieder nicht
      b. *[Die,] [*die Sonne*] scheint mal wieder nicht
      c. [*Die Sonne*], warum scheint [die] mal wieder nicht
      d. *[*Die Sonne*], warum scheint mal wieder nicht

5.2.3 Wackernagelposition (WP)

So wird eine Position unmittelbar an der Spitze des Mittelfelds bezeichnet. Sie kann nur von Pronomina besetzt werden. Die Abfolge der Pronomina ist zudem streng serialisiert: NOM < AKK < DAT

| ... | Wackernagelposition | Mittelfeld | ... |

(4) a. [VF Geben] [LK wird] [MF [WP *er ihr*] das Buch wohl nicht mehr]
     b. ??Geben wird [MF [WP *er*] das Buch ihr wohl nicht mehr]
     c. *Geben wird [MF [WP *ihr er*] das Buch wohl nicht mehr]
     d. *Geben wird [MF [WP *ihr*] das Buch er wohl nicht mehr]
     e. Geben wird [MF [WP *ihr*] der Hans das Buch wohl nicht mehr]

5.2.4 Abfolgetendenzen im Mittelfeld

Deutsch weist eine äußerst große Freiheit hinsichtlich der Wortstellung auf, die wir z.B. im Englischen nicht finden. (Zu satzwertigen Konstituenten siehe 5.2.5.) Eine Konstituentenfolge wie

(5)   (Ich glaube,) daß [Fritz] [der Maria] [das Buch] [gestern] [im Garten] geschenkt hat

mit fünf Konstituenten erlaubt insgesamt 5!, also 120 mögliche Stellungsvarianten.

Angesichts der Vielzahl von Abfolgevarianten stellt sich die Frage, ob es eine Grundabfolge gibt, aus der alle von ihr abweichenden Konstituentenfolgen abgeleitet werden können.

Viele Autoren nehmen sich dieser Fragestellung an. Wir besprechen hier Lenerz (1977) und Höhle (1982); vgl. dazu auch Reis (1987). Lenerz (1977) versucht anhand von fünf Hauptkriterien zu zeigen, welche Grundabfolgen bei nominalen Satzgliedern und Präpositionalobjekten gelten.

Man muß berücksichtigen, a) daß nicht jede Abfolgevariante für jeden Äußerungskontext angemessen ist, und b) daß durch eine geeignete Betonung fast jede Abfolge stilistisch akzeptabel gemacht werden kann.

Einschlägig für Unterschiede in der Akzeptabilität ist der Begriff der **Markiertheit**,[1] den Lenerz wie folgt definiert:

---

1 Notenskala der Akzeptabilitätsurteile muttersprachlicher Sprecher:
   (M) = ein leicht markierter Satz
   M = ein markierter Satz

Wenn zwei Satzglieder A und B sowohl in der Abfolge A – B wie in der Abfolge B – A auftreten können, und wenn B – A nur unter bestimmten testbaren Bedingungen auftreten kann, denen A – B nicht unterliegt, dann ist A – B die 'unmarkierte Abfolge' und B – A die 'markierte Abfolge'. (Lenerz 1977:27)

Im Mittelpunkt der Untersuchung stehen demnach Argumentpaare mit ihren Abfolgevarianten, im besonderen indirektes Objekt (IO)/direktes Objekt (DO), direktes Objekt (DO)/Präpositionalobjekt (PO) und Subjekt (SUBJ)/Objekt (OBJ).

Die erste der 5 Hauptbedingungen bei Lenerz ist:

Thema - Rhema - Bedingung
Die Abfolge B – A zweier NPs A und B kann gegenüber der Abfolge A – B dadurch eingeschränkt sein, daß in ihr (bei thematischem bzw. weniger rhematischem A) das B nicht Rhema sein darf.

Die Thema-Rhema-Bedingung nimmt Bezug auf den Zusammenhang zwischen Pragmatik und Satzgliedstellung. Dabei wird mit Thema die alte, bereits bekannte Information bezeichnet, mit Rhema die neu hinzukommende Information, die oft betont wird. (In den untenstehenden Beispielsätzen wird Fokussierung bzw. Betonung durch Großbuchstaben gekennzeichnet.) Diese Bedingung besagt also, daß das als bekannt Vorausgesetzte vor der neu hinzukommenden Information stehen muß, Thema vor Rhema.

Die Abfolge IO – DO erweist sich als weniger eingeschränkt, da sie eine Verletzung der Bedingung Thema vor Rhema erlaubt: Die Abfolge IO – DO ergibt sowohl bei rhematischem IO (6a) als auch bei rhematischem DO (7a) einen dem Äußerungskontext angemessenen Antwortsatz. Dagegen gilt die Abfolge DO – IO bei rhematischem DO (7b) als markiert, weil sie in weniger Äußerungskontexten verwendet werden kann. (7b) verletzt beide Abfolgebedingungen (Thema vor Rhema und IO vor DO) und ist daher markiert.

(6)   Wem hast du [das Buch]$_{TH}$ gegeben?
    a. Ich habe [dem SCHÜler]$_{RH/IO}$ [das Buch]$_{TH/DO}$ gegeben
    b. Ich habe [das Buch]$_{TH/DO}$ [dem SCHÜler]$_{RH/IO}$ gegeben

---

ohne Markierung = ein akzeptabler Satz des Deutschen
? = ein nicht besonders guter Satz des Deutschen
?? = ein fast unakzeptabler Satz des Deutschen
* = ein unakzeptabler Satz des Deutschen
% = ein Satz, der je nach Dialekt oder Soziolekt möglich ist oder nicht

(7) Was hast du [dem Schüler]_TH gegeben?
   a. Ich habe [dem Schüler]_TH/IO [das BUCH]_RH/DO gegeben
   b. MIch habe [das BUCH]_RH/DO [dem Schüler]_TH/IO gegeben

Definitheitsbedingung
Die Abfolge B – A zweier NPs A und B kann gegenüber der Abfolge A – B dadurch eingeschränkt sein, daß in ihr das erste Element, also B, definit sein muß.

Die Definitheitsbedingung nimmt Bezug auf das aus der Artikelwahl resultierende Stellungsverhalten bei IO und DO. Es läßt sich beobachten, daß indefinite Elemente nach rechts tendieren, definite nach links, so daß in der relativen Abfolge definit vor indefinit realisiert wird.

Auch unter der Definitheitsbedingung zeigt sich, daß die Abfolge IO – DO weniger eingeschränkt ist hinsichtlich ihrer Verwendung in verschiedenen Äußerungskontexten, DO – IO jedoch weniger angemessene Verwendungsweisen erlaubt. Damit erweist sich IO – DO wiederum als die unmarkierte, DO – IO als die markierte Abfolge.

(8) Wem hast du [ein Buch]_indef geschenkt?
   a. Ich habe [dem SCHÜler]_def/IO [ein Buch]_indef/DO geschenkt
   b. MIch habe [ein Buch]_indef/DO [dem SCHÜler]_def/IO geschenkt
   c. Ich habe [einem SCHÜler]_indef/IO [ein Buch]_indef/DO geschenkt
   d. MIch habe [ein Buch]_indef/DO [einem SCHÜler]_indef/IO geschenkt

(9) Wem hast du [das Buch]_def geschenkt?
   a. Ich habe [dem SCHÜler]_def/IO [das Buch]_def/DO geschenkt
   b. Ich habe [das Buch]_def/DO [dem SCHÜler]_def/IO geschenkt
   c. Ich habe [einem SCHÜler]_indef/IO [das Buch]_def/DO geschenkt
   d. Ich habe [das Buch]_def/DO [einem SCHÜler]_indef/IO geschenkt

Gesetz der wachsenden Glieder
Es besteht die stilistische Tendenz, bei zwei Satzgliedern die Reihenfolge herzustellen, in der das gewichtigste Satzglied an zweiter Stelle steht.

Satzklammerbedingung
Es besteht die stilistische Tendenz, Sätze mit leerer rechter Satzklammer möglichst nicht auf ein 'gewichtsloses' Satzglied enden zu lassen.

Das Gesetz der wachsenden Glieder und die Satzklammerbedingung gelten als eher schwache Bedingungen. Eine deutlich geringere Akzeptabilität beobachtet man erst, wenn gegen beide Bedingungen gleichzeitig verstoßen wird. Keinen Einfluß haben sie auf die Bestimmung der Grundabfolge von IO und DO.

(10) Gesetz der wachsenden Glieder verletzt:

a. (M)Er hat [das im Lauf der Jahre stark heruntergekommene Fahrrad, das er damals zur Kommunion geschenkt bekommen hatte], [dem Kind] gegeben

b. (M)Er hat [dem immer etwas ängstlich wirkenden Kind aus dem Nachbarhaus, dem er im Hof begegnet war], [das Fahrrad] gegeben

(11) Sowohl Satzklammerbedingung als auch Gesetz der wachsenden Glieder verletzt:

a. ᴹEr gibt [das im Lauf der Jahre stark heruntergekommene Fahrrad, das er damals zur Kommunion geschenkt bekommen hatte], [dem Kind]

b. ᴹEr gibt [dem immer etwas ängstlich wirkenden Kind aus dem Nachbarhaus, dem er im Hof begegnet war], [das Fahrrad]

(12) Keine der beiden Bedingungen verletzt:

a. Er gibt [dem Kind] [das im Lauf der Jahre stark heruntergekommene Fahrrad, das er damals zur Kommunion geschenkt bekommen hatte].

b. Er gibt [das Fahrrad] [dem immer etwas ängstlich wirkenden Kind aus dem Nachbarhaus, dem er im Hof begegnet war].

Subjekt- / Agensbedingung
Eine Umstellung von SUBJ – OBJ zu OBJ – SUBJ ist nur dann möglich, wenn das Objekt als Mitteilungszentrum angesehen werden kann.

Wenn das SUBJ Agens (Verursacher oder Auslöser einer Handlung) ist, ist es immer das Mitteilungszentrum. Damit ist eine Umstellung OBJ – SUBJ ausgeschlossen. Ob ein SUBJ als Agens zu bestimmen ist, hängt von der Semantik des relevanten Verbs oder Modalverbs (14a,b) ab.

Der Begriff Mitteilungszentrum (Lenerz 1977:108ff) ist zu unterscheiden vom Thema-Begriff, da er nicht vom Kontext abhängig ist. Verben, die das Objekt als Mitteilungszentrum festlegen, sind z.B. die sogenannten Psych-Verben (Verben der psychischen Einstellung) wie *gefallen, auffallen, anekeln*. Bei ihnen läßt sich als unmarkierte Abfolge dann auch OBJ – SUBJ beobachten.

(13) Ich glaube,

a. daß [die Politiker]$_{SUBJ/AG}$ [dem Staat] nur aus EIgennutz dienen

b. ᴹdaß [dem Staat] [die Politiker]$_{SUBJ/AG}$ nur aus EIgennutz dienen

c. daß [die Reform] [dem Staat] DIEnen wird (kein Agens)

d. daß [dem Staat] [die Reform] DIEnen wird (kein Agens)

(14) Ich glaube,

a. daß [die Tänzerin]$_{SUBJ/AG}$ [dem Kritiker] geFALLen wollte

b. ᴹdaß [dem Kritiker] [die Tänzerin]_SUBJ/AG geFALLen wollte

c. daß [die Tänzerin] [dem Kritiker] geFALLen hat (kein Agens)

d. daß [dem Kritiker] [die Tänzerin] geFALLen hat (kein Agens)

Außer diesen fünf Bedingungen aus Lenerz (1977), die eher stilistische Tendenzen sind, erwähnt Lenerz (1977) zwei feste Regeln, die Einfluß auf das Stellungsverhalten im Mittelfeld haben.

DO vor Präpositionalobjekt
Präpositionalobjekte können nur dem DO nachgestellt auftreten, eine Umstellung zu PO – DO ist nicht möglich. Dasselbe gilt auch für Genitivobjekte.

(15) a. Sie brachte [ihren Bruder]_DO [um den Verstand]_PO

b. *Sie brachte [um den Verstand]_PO [ihren Bruder]_DO

(16) a. Sie überführte [ihren Bruder]_DO [des Mordes]_GO

b. *Sie überführte [des Mordes]_GO [ihren Bruder]_DO

Pronomen vor nicht-pronominaler NP
Das Auftreten pronominaler Satzglieder nach einem Substantiv gilt stets als abweichend. Dieses Kriterium ist so stark, daß es alle anderen Bedingungen einschließlich der Subjektbedingung überlagert. Zudem zeigt sich, daß Pronomina die feste Grundabfolge SUBJ – DO – IO – PO aufweisen. Vgl. dazu den Abschnitt zur Wackernagelposition 5.2.3.

(17) a. Hat [Fritz]_SUBJ [dem Kind]_IO [das Fahrrad]_DO geschenkt?

b. *Hat Fritz dem Kind *es* geschenkt?

c. *Hat Fritz *ihm es* geschenkt?

d. *Hat *es* Fritz *ihm* geschenkt?

e. *Hat *ihm es* Fritz geschenkt?

f. Hat [er]_SUBJ [es]_DO [ihm]_IO geschenkt?

Aus all diesen Kriterien kann nun geschlossen werden, daß für nominale Satzglieder generell als Grundabfolge festgelegt ist:

| nicht-pronominale NPs: SUBJ – IO – DO – PO |

| Pronomina: SUBJ – DO – IO – PO |

Aus dem Stellungsverhalten der Pronomina, Präpositionalobjekte und Genitivobjekte wurde jedoch auch der Schluß gezogen (u.a. Hoberg 1981), daß die Grundabfolge generell die der Pronomina sei, insbesondere DO – IO. Unter diesem Ansatz wäre für die Ableitung der Stellungsvarianten, in denen IO – DO auftritt, vor allem folgendes Kriterium entscheidend:

Belebt vor unbelebt
denn normalerweise ist das IO die Konstituente mit dem Merkmal [+belebt], mit Ausnahme von Verben wie *unterziehen, aussetzen*, die ein DO mit dem Merkmal [+belebt] aufweisen, und als Normalabfolge dann auch DO – IO realisieren.

(18)   a. Er hat [das Kind]$_{DO}$ [der Gefahr]$_{IO}$ ausgesetzt

         b. *Er hat [der Gefahr]$_{IO}$ [das Kind]$_{DO}$ ausgesetzt

Auch unter diesem Ansatz gilt jedoch, daß zunächst eine allgemeine Grundabfolge anzunehmen ist, d.h. die Grundabfolge ist für alle Verben gleich. Auf diese wirken dann die verschiedenen Bedingungen ein, die zu den Stellungsvarianten führen.

Im Gegensatz dazu vertritt Höhle (1982) die Ansicht, daß je nach Verb unterschiedliche Grundabfolgen vorliegen. Diese lassen sich in Abhängigkeit von normaler Betonung und größtmöglicher Freiheit der Fokuswahl ermitteln. Voraussetzungen dafür sind:

– Unter den Abfolgevarianten gibt es eine Grundabfolge, die normale Wortstellung.
– Unter den Betonungsvarianten gibt es eine Normalbetonung. Dies ist der Fall bei Akzentuierung der Konstituente unmittelbar vor der rechten Klammer.
– Wenn ein Satz mit einer bestimmten Abfolge als angemessene Antwort in verschiedenen Fragekontexten verwendet werden kann, heißt dies, daß verschiedene Konstituenten als Fokus gelten.
– Die meisten Möglichkeiten gibt es unter Normalabfolge und Normalbetonung: In (19) liegt Normalabfolge und Normalbetonung vor, und vier verschiedene Konstituenten können als fokussiert gelten. In (20) muß die Abfolge gegenüber (19) markiert sein, da bei Normalbetonung nur zwei verschiedene Konstitutenten fokussierbar sind. In (21) liegt zwar Normalabfolge vor, aber keine Normalbetonung, und damit ist nur die betonte Konstituente fokussierbar.

(19)   Gestern hat Karl dem Kind das BUCH geschenkt

         a. Was hat Karl dem Kind gestern geschenkt?
            Fokus: *das Buch*

         b. Was hat Karl dem Kind gestern getan?
            Fokus: *das Buch geschenkt*

c. Was hat Karl gestern getan?
   Fokus: *dem Kind das Buch geschenkt*
d. Was ist gestern geschehen?
   Fokus: *hat Karl dem Kind das Buch geschenkt*

(20) Gestern hat Karl das Buch dem KIND geschenkt
   a. Wem hat Karl das Buch gestern geschenkt?
      Fokus: *dem Kind*
   b. Was hat Karl mit dem Buch gestern getan?
      Fokus: *dem Kind geschenkt*
   c. *Was hat Karl gestern getan?
      Fokus: *das Buch dem Kind geschenkt*
   d. *Was ist gestern geschehen?
      Fokus: *hat Karl das Buch dem Kind geschenkt*

(21) Gestern hat Karl dem KIND das Buch geschenkt
   a. Wem hat Karl das Buch gestern geschenkt?
      Fokus: *dem Kind*
   b. *Was hat Karl mit dem Buch gestern getan?
      Fokus: *dem Kind geschenkt*
   c. *Was hat Karl gestern getan?
      Fokus: *dem Kind das Buch geschenkt*
   d. *Was ist gestern geschehen?
      Fokus: *hat Karl dem Kind das Buch geschenkt*

5.2.5 Nachfeldbesetzung

Sie ist (fast) obligatorisch beim Auftreten von Subjekt-, Objekt- oder Adverbialsätzen.

(22) a. Wir haben gehört, [*daß Peter das Buch nicht mehr gefunden hat*]
       (Objektsatz im Nachfeld)
   b. *Wir haben, [*daß Peter das Buch nicht mehr gefunden hat*], gehört
       (Objektsatz im Mittelfeld)
   c. Peter ist gegangen, [*als Maria gekommen ist*]
       (Adverbialsatz im Nachfeld)
   d. ?Peter ist, [*als Maria gekommen ist*], gegangen
       (Adverbialsatz im Mittelfeld)
   e. Es hat mich überrascht, [*daß es heute geregnet hat*]
       (Subjektsatz im Nachfeld)

      f. *... daß, [*daß es heute geregnet hat*], mich überrascht hat
         (Subjektsatz im Mittelfeld)

      g. [*Daß es heute geregnet hat*], hat mich überrascht
         (Subjektsatz im Vorfeld)

Bevorzugt, aber nicht obligatorisch ist die Nachfeldbesetzung bei umfangreichen Konstituenten.

(23)   a. Peter hat das Buch, [*das ich ihm empfohlen habe*], sofort gekauft
         (Relativsatz beim Bezugselement im Mittelfeld)

      b. Peter hat das Buch sofort gekauft, [*das ich ihm empfohlen habe*]
         (Relativsatz im Nachfeld)

(24)   a. Ich habe ihn nicht getroffen [*die ganzen letzten Tage, die ich in München verbracht habe*]

      b. ?Dann ist da noch angekommen, [*ein gewisser Herr Meier als Vertreter einer namhaften Firma aus München*]
         (sogenanntes Heavy NP-Shift)

6. Die Abfolge in der rechten Satzklammer

Übersicht	• Das System der Supina • Statusrektion • Statuskongruenz • Der Aufbau der rechten Klammer • Ersatzinfinitiv • Zusammenfassung

In der rechten Satzklammer können nur verbale Elemente vorkommen. Wie Bech (1983) gezeigt hat, unterliegen diese verbalen Elemente bestimmten syntaktischen Bedingungen. Es ist nicht gleich, in welcher Form die **infiniten** Verben in der rechten Satzklammer stehen.

(1) a. ... weil Maria *lesen* möchte
 b. *... weil Maria *zu lesen* möchte
 c. *... weil Maria *gelesen* möchte

(2) a. *... weil Maria *lesen* versucht
 b. ... weil Maria *zu lesen* versucht
 c. *... weil Maria *gelesen* versucht

(3) a. *... weil Maria *lesen* hat
 b. *... weil Maria *zu lesen* hat
 c. ... weil Maria *gelesen* hat

Jedes Verb, das ein infinites Komplement nimmt (hier z.B.: *möchte, versucht, hat*), verlangt, daß dieses verbale Komplement in einer bestimmten Form auftritt. Dies bezeichnet Bech als **Statusrektion**.

6.1 Das System der Supina

Bech ordnet die infinitivischen Verbalformen des Deutschen in einem zweidimensionalen System an.

Er unterscheidet bei der Klassifikation der infiniten Verbalformen **drei Status** und **zwei Stufen** ('Supinum' und 'Partizipium').

	Stufe 1 ('Supinum')	**Stufe 2** ('Partizipium')
1. Status	*lieben*	*liebend(-er)*
2. Status	*zu lieben*	*zu liebend(-er)*
3. Status	*geliebt*	*geliebt(-er)*

Die Abgrenzung zwischen der Stufe 1 ('Supinum') und Stufe 2 ('Partizipium') ist durch die morphologischen Kategorien Genus, Kasus, Numerus und Komparation gekennzeichnet, die nur in Stufe 2 markiert werden können. Diese wird wie ein Adjektiv flektiert und kongruiert mit ihrem Bezugselement.

Die drei Status werden wie folgt unterschieden:

- Im **1. Status** findet man bei Stufe 1 den **reinen Infinitiv**, bei Stufe 2 das **Präsenspartizip**.
- Im **2. Status** findet man bei Stufe 1 den ***zu*-Infinitiv** einerseits und bei Stufe 2 das **Gerundivum**.
- Im **3. Status** findet man das **Perfektpartizip** in beiden Stufen.

Das Verhältnis zwischen den finiten Verbalformen und Stufe 1 und Stufe 2 ist dadurch gekennzeichnet, daß die finiten Verbalformen konjugiert (nach Tempus, Modus, Person und Numerus flektiert) werden, daß Stufe 1 gar nicht flektiert wird, und daß Stufe 2 dekliniert (nach Genus, Numerus und Kasus flektiert) wird.

Der morphologischen Distinktion zwischen Stufe 1 und Stufe 2 entspricht auch eine syntaktische. Stufe 1 aller drei Status kommt in den gleichen grammatischen Konstruktionen vor, wobei **allein** die Eigenschaften der statusregierenden Verben (oder andererstatusregierender Elemente) den Status bestimmen.

(4) a. ...daß ich *sprechen*[1. STATUS] werde
    b. ...daß ich *sprechen*[1. STATUS] will

(5) a. ...daß ich *zu sprechen*[2. STATUS] versuche
    b. ...daß ich *zu sprechen*[2. STATUS] wünsche

(6) a. ...daß ich *gesprochen*[3. STATUS] habe
    b. ...daß ich *gelaufen*[3. STATUS] bin
    c. ...daß ich *gelaufen*[3. STATUS] komme

Jedes Verb kann jeweils **nur einen** Status regieren.

- Modalverben wie *wollen* und tempusbildende Auxiliare wie *werden* regieren einen **reinen Infinitiv** (1. Status)

Die Abfolge in der rechten Satzklammer 67

- Vollverben wie *versuchen, wünschen,* ... regieren einen *zu-***Infinitiv** (2. Status)
- Tempusbildende Auxiliare wie *haben* und *sein* und Verben wie *kommen* regieren ein **Partizip** (3. Status)

Zu den statusregierenden Elementen gehören auch Substantive, Adjektive und Präpositionen. Im Gegensatz zum Verb können diese aber nur den 2. Status regieren.

(7)   a. Er hat die *Möglichkeit,* daran *teilzunehmen* [2. STATUS]

        b. Er ist *froh,* sich endlich ausruhen *zu können* [2. STATUS]

        c. Er geht an die See, *um* sich *zu kurieren* [2. STATUS]

6.2 Statusrektion

Wie bei den Kasus gibt es auch bei den Status Rektionsbeziehungen. Jeder der drei Status hängt, wie in den vorangegangenen Beispielen zu sehen war, von einem anderen Element ab.

Weiterhin kennzeichnend für die Statusrektionsfähigkeit des Verbs ist, daß das betreffende Verb diese Fähigkeit auch dann nicht verliert, wenn es wiederum von einem Verb regiert wird.

(8)   a. ...daß ich zu sprechen [2. STATUS] versuche

        b. ...daß ich zu sprechen [2. STATUS] versuchen will

        c. ...daß ich mir zu sprechen [2. STATUS] wünsche

        d. ...daß ich mir zu sprechen [2. STATUS] gewünscht habe

versuchen regiert auch dann den 2. Status, wenn es selbst von *will* regiert wird und im 1. Status stehen muß. *Gewünscht* regiert auch dann den 2. Status, wenn es selbst von *habe* regiert wird und im 3. Status stehen muß. Auf diese Weise lassen sich **Ketten** von Verben bilden, die untereinander durch Statusrektion verbunden sind. Da von jedem Verb bestimmt werden kann, welchen Status es regiert, läßt sich innerhalb dieser Kette eine **Rangfolge** der verbalen Elemente bestimmen.

(9) V_4 V_3 V_2 V_1

      ...daß er alles reparieren zu können behauptet hat

               1. STATUS   2. STATUS   3. STATUS

Die Rangfolge ist mit $V_1 ... V_n$ gekennzeichnet. V_1 regiert V_2, V_2 regiert V_3 usw. Die Pfeile geben an, welches Element welchen Status welchen anderen Elements regiert.

Jede verbale Kette läßt sich sowohl schrittweise aufbauen als auch schrittweise in ihre Bestandteile zerlegen. Zum Aufbau einer solchen Kette wird hier, ausgehend von einer eingliedrigen Kette, ein weiteres Verb hinzugefügt.

(10)   a. Er sitzt$_{V_1}$

         b. Er bleibt$_{V_1}$ sitzen$_{V_2}$

         c. Er darf$_{V_1}$ sitzen$_{V_3}$ bleiben$_{V_2}$

         d. Er bittet$_{V_1}$, sitzen$_{V_4}$ bleiben$_{V_3}$ zu dürfen$_{V_2}$

         e. Er hat$_{V_1}$ gebeten$_{V_2}$, sitzen$_{V_5}$ bleiben$_{V_4}$ zu dürfen$_{V_3}$

         f. Er soll$_{V_1}$ gebeten$_{V_3}$ haben$_{V_2}$ sitzen$_{V_6}$ bleiben$_{V_5}$ zu dürfen$_{V_4}$ (Bech (1983:28))

Die gleichbleibend aufsteigende Rangfolge (von rechts nach links gesehen), die aus dem vorhergehenden *reparieren*-Beispiel abzulesen war, ist hier nur aufgrund der Verb-Zweit-Stellung und der Extraposition des Infinitivs abweichend.

Zum Abbau einer mehrgliedrigen verbalen Kette wird diese schrittweise um das maximal übergeordnete Verb (das Verb, das den niedrigsten Index trägt) verringert. Als das maximal übergeordnete Verb gilt dasjenige, das von keinem anderen Verb statusregiert wird – in unserem Fall ist es das Finitum in der linken Klammer. Es liegt also eine umgekehrte Operation zum vorherigen Beispiel vor.

(11)   a. Er bittet$_{V_1}$ sich bewegen$_{V_3}$ zu dürfen$_{V_2}$

         b. Er darf$_{V_1}$ sich bewegen$_{V_2}$

         c. Er bewegt$_{V_1}$ sich

(12)   a. Er behauptet$_{V_1}$ alles reparieren$_{V_3}$ zu können$_{V_2}$

         b. Er kann$_{V_1}$ alles reparieren$_{V_2}$

         c. Er repariert$_{V_1}$ alles

(13)   a. Er bittet$_{V_1}$ sie abzureisen$_{V_2}$

         b. Sie reist$_{V_1}$ ab

Die einzelnen Etappen beim Verlängern der verbalen Kette sollen noch einmal zeigen, daß ein Verb seine Rektionsfähigkeit nicht verliert, selbst wenn es in einem von einem anderen Verb regierten Status steht. Die Etappen beim Verkürzen der verbalen Kette konnten zeigen, daß jedes Verb, das einen Status regieren kann, in eine Funktion gebracht werden kann, von der aus die Rektionsfähigkeit ihren Ausgangspunkt nimmt, nämlich in die der Finitheit.

Befinden sich die Verben in einem Verhältnis zueinander, in dem sie durch Statusrektion miteinander verbunden sind, so befinden sich diese Elemente innerhalb einer **verbalen Kette**.

Ist eine Konstruktion in bezug auf diese Eigenschaft negativ spezifiziert, so liegen mindestens zwei verbale Ketten innerhalb einer Konstruktion vor.

(14)

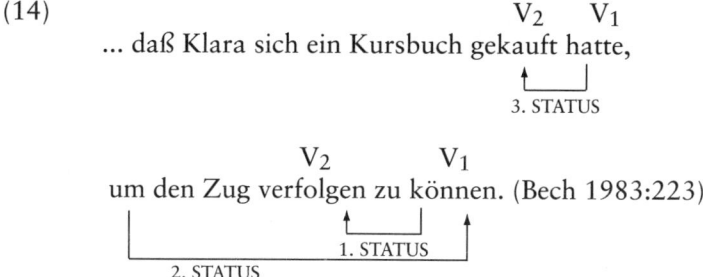

Wie man sehen kann, regiert *hatte* den 3. Status von *gekauft*, womit *hatte* und *gekauft* zur selben verbalen Kette gehören; *zu können* regiert den 1. Status von *verfolgen*. Doch weder *hatte* noch *gekauft* regieren den Status von *zu können*, dieser wird vielmehr von der Präposition *um* regiert, woraus man schließen kann, daß *verfolgen* und *zu können* zu einer zweiten verbalen Kette gehören.

6.3 Statuskongruenz

Wie Bech zeigt, unterscheiden sich die zwei Stufen, was **Statuskongruenz** betrifft. In der Stufe 1 gibt es Statuskongruenz, z.B. bei Koordination.

(15)   a. ...kommen und gehen /*kommen und zu gehen
            (beide 1. Status)

        b. ...zu kommen und zu gehen / *zu kommen und gehen
            (beide 2. Status)

        c. ...gekommen und gegangen /*gekommen und gehen
            (beide 3. Status)

Dagegen ist keine obligatorische morphologische Übereinstimmung der Status bei Stufe 2 gefordert, denn im folgenden Beispiel findet man sowohl 1. als auch 2. als auch 3. Status bei Koordination, woraus Bech schließt, daß die Status der Stufe 2 nicht regiert sind.

(16)   ... ein *enttäuschtes* [3. STATUS] (und) *weinendes* [1. STATUS] und gar nicht *zu tröstendes* [2. STATUS] Kind (Bech 1983:19)

6.4 Der Aufbau der rechten Klammer

Bech bezeichnet das, was wir als **rechte Satzklammer** kennen, als **Schlußfeld**. Die Abfolge in der rechten Klammer kann erfaßt werden über Rektionsbeziehungen zwischen den Verben. Bei Bech zerfällt die rechte Klammer (RK) in ein Oberfeld (O) und ein Unterfeld (U), wobei das Oberfeld dem Unterfeld vorangeht.

Rechte Klammer	
Oberfeld	Unterfeld

Die rechte Klammer enthält bei Verb-End-Stellung die Verben der Stufe 1 inklusive dem Finitum. Das Unterfeld ist obligatorisch, das Oberfeld fakultativ.

Man kann davon ausgehen, daß bei einem Schlußfeld nur ein Unterfeld vorliegt, aber kein Oberfeld, wenn alle Verben in der Reihenfolge ihrer Statusrektion stehen, d.h regiertes Verb vor regierendem Verb. Stehen nicht alle Verben in der Reihenfolge ihrer Statusrektion, so gibt es ein Oberfeld. Dieses steht in der linearen Abfolge vor dem Unterfeld, wobei die Reihenfolge der Verben im Oberfeld so ist, daß das regierende Verb vor dem regierten Verb steht. (D.h. die Abfolge im Oberfeld ist spiegelbildlich zu der Abfolge im Unterfeld.)

Das maximal untergeordnete Verb des Oberfelds regiert immer den Status des maximal übergeordneten Verbs des Unterfelds und ist somit diesem Verb unmittelbar übergeordnet.

Die verschiedenen Möglichkeiten sind: (Bech 1983:63)

	1	2	3	4	5
A	$[V_1]_{(U)}$	$[V_2V_1]_{(U)}$	$[V_3V_2V_1]_{(U)}$	$[V_4V_3V_2V_1]_{(U)}$	$[V_5V_4V_3V_2V_1]_{(U)}$
B			$[V_1]_{(O)}[V_3V_2]_{(U)}$	$[V_1]_{(O)}[V_4V_3V_2]_{(U)}$	$[V_1]_{(O)}[V_5V_4V_3V_2]_{(U)}$
C				$[V_1V_2]_{(O)}[V_4V_3]_{(U)}$	$[V_1V_2]_{(O)}[V_5V_4V_3]_{(U)}$
D					$[V_1V_2V_3]_{(O)}[V_5V_4]_{(U)}$

U kennzeichnet das Unterfeld, O kennzeichnet das Oberfeld

Die folgenden Beispiele zeigen Belege aus Bech, die zur Systematik über den Aufbau des Schlußfeldes führten.

(17) a. (A,1)... daß er hier (liegt)

(18) a. (A,2)... daß er hier (liegen bleibt)

(19) a. (A,3)... daß man ihn hier (liegen bleiben läßt)

      b. (B,3)... daß man ihn hier (läßt) (liegen bleiben)

(20) a. (A,4)... daß man ihn hier (liegen bleiben lassen kann)*(U)*
b. (B,4)... daß man ihn hier (kann)*(O)* (liegen bleiben lassen)*(U)*
c. (C,4)... daß man ihn hier (kann lassen)*(O)* (liegen bleiben)*(U)*

(21) a. (A,5)... daß man ihn hier (liegen bleiben lassen können wird)*(U)*
b. (B,5)... daß man ihn hier (wird)*(O)* (liegen bleiben lassen können)*(U)*
c. (C,5)... daß man ihn hier (wird können)*(O)* (liegen bleiben lassen)*(U)*
d. (D,5)... daß man ihn hier (wird können lassen)*(O)* (liegen bleiben)*(U)*

Zu beobachten ist, daß das Unterfeld immer das maximal untergeordnete Verb aus der rechten Klammer enthält, wobei Bech zeigt, daß im Unterfeld eigentlich immer die zwei maximal untergeordneten Verben zurückbleiben, und daß das Verb, das im Oberfeld steht, entweder finit ist oder, falls dort noch weitere Verben stehen, diese im 1. Status auftreten. Falls es ein Ober- und ein Unterfeld gibt, so ist das erste Verb aus dem Unterfeld – das maximal untergeordnete – stark betont im Verhältnis zu den Verben im Oberfeld. Es scheint weiterhin keine Rolle für den Aufbau der rechten Klammer zu spielen, ob ein finites Verb vorhanden ist oder nicht, außer, daß sich die Kombinationsmöglichkeiten reduzieren.

6.5 Ersatzinfinitiv

Ein **Ersatzinfinitiv** ist ein reiner Infinitiv (1. Status), der statt eines Perfektpartizips (3. Status) auftritt. Dies wird auch **IPP** ('Infinitivus Pro Participio') genannt. Wie wir festgestellt haben, regiert z.B. *haben* das Perfektpartizip (3. Status) und ein Modalverb den reinen Infinitiv (1. Status).

(22) a. ...daß er das Buch gelesen **hat**
(das Auxiliar regiert den 3. Status)
b. ...daß er das Buch lesen **soll**
(das Modalverb regiert den 1. Status)

Regiert *haben* ein Modalverb, so scheint *haben* seine Fähigkeit zu verlieren, den 3. Status zu regieren, denn die folgenden Sätze sind ungrammatisch.

(23) a. *... daß er das Buch lesen gesollt **hat**
b. *... daß er das Buch lesen gemußt **hat**
c. *... daß er das Buch lesen gekonnt **hat**

Nicht viel besser wird der Satz, wenn wir den Status der Modalverben ändern, so daß *haben* den 1. Status regiert, aber die Abfolge unverändert lassen.

(24) a. ??... daß er das Buch lesen sollen **hat**
      b. ??... daß er das Buch lesen müssen **hat**
      c. ??... daß er das Buch lesen können **hat**

Grammatisch einwandfrei ist im Deutschen jedoch folgende Version, wo auch die Abfolge geändert worden ist:

(25) a. ...daß er das Buch **hat** lesen sollen
      b. ...daß er das Buch **hat** lesen müssen
      c. ...daß er das Buch **hat** lesen können

Wir können also folgendes beobachten: Im Deutschen muß, falls ein Auxiliar wie *haben* ein Modalverb regiert, folgendes passieren (vorausgesetzt, das Modalverb regiert wieder ein anderes Verb, siehe unten):

1. das von *haben* regierte Modalverb kann nicht im 3. Status, sondern muß im 1. Status erscheinen (Ersatzinfinitiv)
2. das Auxiliar *haben* kann nicht mehr am Ende des Unterfeldes stehen, sondern muß an der Spitze der rechten Klammer stehen – damit ist das Oberfeld eröffnet.

(26) a. *... daß Peter das Buch lesen *gesollt* **hat**
         (Perfektpartizip, ohne Oberfeld)
      b. ... daß Peter das Buch **hat** lesen *sollen*
         (Ersatzinfinitiv, mit Oberfeld)

Wie die folgenden Beispiele zeigen, kann man in einem Verb-Zweit-Satz nicht sehen, ob es ein Oberfeld gibt. D.h. Verb-Zweit ist hier **strikt zu unterscheiden** von der Variation in der rechten Klammer, denn bei Verb-Zweit steht das Finitum nicht in der rechten sondern in der **linken Klammer**.

(27) a. *Peter **hat** das Buch lesen *gesollt*
         (Perfektpartizip)
      b. Peter **hat** das Buch lesen *sollen*
         (Ersatzinfinitiv)

Folgende Beispiele zeigen, daß das Modalverb ein weiteres Verb regieren muß, um im Ersatzinfinitiv aufzutreten.

(28) a. *... daß er nach Hause gehen gekonnt hat
      b. ... daß er nach Hause gekonnt hat
      c. ... daß er es gekonnt hat

(29) a. ... daß er nach Hause hat gehen können
      b. *... daß er nach Hause hat können
      c. *... daß er es hat können

Wir finden auch bei Wahrnehmungsverben (Perzeptionsverben wie *sehen, hören*) Tendenzen zur Bildung des Ersatzinfinitivs; bei *lassen* muß ein Ersatzinfinitiv auftreten.

(30) a. ?... daß sie ihn laufen *gesehen/gehört* **hat**
      b. *... daß sie ihn **hat** laufen *gesehen/gehört*
      c. ?... daß sie ihn laufen *sehen/hören* **hat**
      d. ... daß sie ihn **hat** laufen *sehen/hören*

(31) a. ?Sie **hat** ihn laufen *gesehen/gehört*
      b. Sie **hat** ihn laufen *sehen/hören*

(32) a. *... daß sie ihn spielen *gelassen* **hat**
      b. *... daß sie ihn **hat** spielen *gelassen*
      c. ?... daß sie ihn spielen *lassen* **hat**
      d. ... daß sie ihn **hat** spielen *lassen*

(33) a. ?Sie **hat** ihn spielen *gelassen*
      b. Sie **hat** ihn spielen *lassen*

Falls *haben* wiederum statusregiert wird (d.h. nicht selbst finit ist), wird das regierende Verb beim Auftreten des Ersatzinfinitivs mit im Oberfeld plaziert. Wird *haben* z.B. von *werden* regiert, so muß die Umstellung ins Oberfeld nicht nur *haben* erfassen, was die Ungrammatikalität des folgenden Beispiels zeigt:

(34) a. *... daß er das Buch nicht (**haben**) (lesen *können* wird)
         (Im Oberfeld steht *haben*, aber nicht das Verb, das *haben* regiert)
      b. ... daß er das Buch nicht (**wird haben**) (lesen *können*)
         (Im Oberfeld stehen *haben* und das Verb, das *haben* regiert)
      c. *... daß er das Buch nicht (**wird**) (lesen *können* haben)
         (Im Oberfeld steht das Verb, das *haben* regiert, aber nicht *haben*)

6.6 Zusammenfassung

Die normale Abfolge in der rechten Satzklammer ist, daß links von rechts regiert wird, d.h. das Verb rechts determiniert den Status des Verbs zu seiner Linken. Statusrektion verläuft von rechts nach links, entgegen der linearen Abfolge der Verben im Satz. Ein Verb ist nicht regiert: das finite Verb. Dieses Verb nimmt im Hauptsatz die zweite Position (linke Satzklammer) ein. Jedes Verb kann – wie weiter vorn schon ausgeführt – nur einen Status regieren. Zur Wiederholung:

		VF	LK	MF	RK (rechte Satzklammer)
(35)	a.	...	daß	er hier	geschlafen$_3$ haben$_2$ soll$_1$
	b.	Hier	soll$_1$	er	geschlafen$_3$ haben$_2$
(36)	a.	*...	daß	er hier	geschlafen$_3$ soll$_1$ haben$_2$
	b.	* Hier	haben$_2$	er	geschlafen$_3$ soll$_1$
(37)	a.	*...	daß	er hier	haben$_2$ soll$_1$ geschlafen$_3$
	b.	* Hier	geschlafen$_3$	er haben$_2$	soll$_1$
(38)	a.	...	daß	er hier	zu schlafen$_4$ versucht$_3$ haben$_2$ soll$_1$
	b.	Hier	soll$_1$	er	zu schlafen$_4$ versucht$_3$ haben$_2$

Das finite Modalverb *soll* regiert den **reinen Infinitiv**, also den 1. Status, beim tempusbildenden Auxiliar *haben*; *haben* regiert das **Perfektpartizip**, also den 3. Status beim Vollverb *versucht*, und das wiederum regiert einen *zu*-Infinitiv, eben den 2. Status, und zwar unabhängig davon, in welchem Status es selbst auftritt.

Bei folgenden Beispielen könnte man meinen, daß ein Verb doch die Möglichkeit aufweist, mehrere Status zu regieren.

(39)   a. Peter hat *schlafen$_{[1. STATUS]}$

        b. Peter hat zu schlafen$_{[2. STATUS]}$

        c. Peter hat geschlafen$_{[3. STATUS]}$

(40)   a. Peter wird kritisieren$_{[1. STATUS]}$

        b. Peter wird *zu kritisieren$_{[2. STATUS]}$

        c. Peter wird kritisiert$_{[3. STATUS]}$

(41)   a. *Peter ist bestechen$_{[1. STATUS]}$

        b. Peter ist zu bestechen$_{[2. STATUS]}$

        c. Peter ist bestochen$_{[3. STATUS]}$

In (39b) handelt es sich bei *hat* nicht um das tempusbildende Auxiliar '*(getan) haben*', das den 3. Status regiert, sondern um die analytische Form '*etwas zu tun haben*' mit einem modalen Infinitiv, d.h. ein von *haben* regierter 2. Status. In (40a) handelt es sich nicht um das passivbildende Auxiliar '*(getan) werden*', das den 3. Status regiert, sondern um das futurbildende *'(tun) werden'*, das wie ein Modalverb den 1. Status regiert. In (41b) handelt es sich nicht um das (zustands)passivbildende Auxiliar *(getan) sein*, das den 3. Status regiert, sondern um die analytische Form *'zu tun sein'* mit einem modalen Infinitiv, d.h. ein von *sein* regierter 2. Status.

In der rechten Satzklammer kann es sowohl ein Unterfeld als auch ein Oberfeld geben. Es gibt immer ein Unterfeld, wo, wie gesagt, links von rechts regiert wird (... V_3 V_2 V_1 ...). Zusätzlich zum Unterfeld kann es auch ein Oberfeld geben, das dann dem Unterfeld vorausgeht. Im Oberfeld wird rechts von links regiert (... V_1 V_2 V_3 ...).

Ein Oberfeld **muß** es geben, wenn ein Ersatzinfinitiv vorkommt. Ein Ersatzinfinitiv ist ein Infinitiv, der anstelle eines Perfektpartizips vorkommt. Der Ersatzinfinitiv muß ein Modalverb oder ein Perzeptionsverb oder auch *lassen* sein, und er muß selbst ein Verb regieren. Der Ersatzinfinitiv selbst steht im Unterfeld, aber das Verb, das den Ersatzinfinitiv regiert (und das Verb, von dem dieses Verb regiert wird, usw.), muß im Oberfeld stehen. In den folgenden Beispielen ist *können* der Ersatzinfinitiv.

			Oberfeld	Unterfeld
(42)	a.	... daß er das Buch	hat_1	$lesen_3$ $können_2$
	b.	??... daß er das Buch		$lesen_3$ $können_2$ hat_1
(43)	a.	... daß er das Buch	$wird_1$ $haben_2$	$lesen_4$ $können_3$
	b.	??... daß er das Buch		$lesen_4$ $können_3$ $haben_2$ $wird_1$

Auch wenn es keinen Ersatzinfinitiv gibt, **kann** es ein Oberfeld geben, wenn drei oder mehr Verben in der rechten Satzklammer vorkommen. In diesem Fall ist das Oberfeld nicht obligatorisch und nur möglich, wenn mindestens zwei Verben im Unterfeld verbleiben.

			Oberfeld	Unterfeld
(44)	a.	... daß er das Buch	$muß_1$	$lesen_3$ $können_2$
	b.	... daß er das Buch		$lesen_3$ $können_2$ $muß_1$
(45)	a.	... daß er das Buch	$wird_1$ $müssen_2$	$lesen_4$ $können_3$
	b.	... daß er das Buch		$lesen_4$ $können_3$ $müssen_2$ $wird_1$

7. Tempus und Modus

Übersicht	• Konjugationsformen des Verbs • Indikativ und der Konjunktiv • Tempus • Imperativ

7.1 Die Formen

Zuerst geben wir eine kleine Übersicht über die verschiedenen Konjugationsformen des deutschen Verbs. Für jede Konjugationsform gibt es zwei Beispiele. Links steht das schwache (oder regelmäßige) Verb *fragen*, rechts das starke (oder unregelmäßige) Verb *fahren*.

Infinitiv:	*fragen*	*fahren*
Präsens:	ich *frage* du *fragst* es *fragt* wir *fragen* ihr *fragt* sie *fragen*	ich *fahre* du *fährst* es *fährt* wir *fahren* ihr *fahrt* sie *fahren*
Präteritum:	ich *fragte* du *fragtest* es *fragte* wir *fragten* ihr *fragtet* sie *fragten*	ich *fuhr* du *fuhrst* es *fuhr* wir *fuhren* ihr *fuhrt* sie *fuhren*
Präsens Konjunktiv:	ich *frage* du *fragest* es *frage* wir *fragen* ihr *fraget* sie *fragen*	ich *fahre* du *fahrest* es *fahre* wir *fahren* ihr *fahret* sie *fahren*

Infinitiv:	*fragen*	*fahren*
Präteritum Konjunktiv:	ich *fragte*	ich *führe*
	du *fragtest*	du *führest*
	es *fragte*	es *führe*
	wir *fragten*	wir *führen*
	ihr *fragtet*	ihr *führt*
	sie *fragten*	sie *führen*
Imperativ:	*frag* (Du)!	*fahr* (Du)!
	fragt (Ihr)!	*fahrt* (Ihr)!
Präsenspartizip:	*fragend*	*fahrend*
Perfektpartizip:	*gefragt*	*gefahren*

Die Konjugationsformen, die hier nicht aufgeführt sind, können von den angeführten Formen abgeleitet werden, weil sie zusammengesetzte Formen sind, die eine von den angeführten einfachen Formen mit einem oder mehreren Hilfsverb(en) verbindet, z.B. Futur *ich werde fahren* oder Plusquamperfekt *ich hatte gefragt*.

Wir werden hier davon ausgehen, daß es im Deutschen drei Möglichkeiten gibt, was Modus betrifft, und acht, was Tempus betrifft.

Die drei Modi sind Indikativ, Konjunktiv und Imperativ. Im Gegensatz zu Indikativ und Konjunktiv weist der Imperativ keine Tempusunterschiede auf, und daher werden wir Indikativ und Konjunktiv vor Tempus behandeln, Imperativ aber erst im Anschluß.

Von den acht Tempora im Deutschen sind nur zwei einfache Formen (Präsens und Präteritum), die anderen sechs sind zusammengesetzte Formen. Im folgenden Beispiel sind nur die Formen der 3. Person Singular angeführt:

	Indikativ	**Konjunktiv**
Präsens	*fragt*	*frage*
Präteritum	*fragte*	*fragte*
Perfekt	*gefragt hat*	*gefragt habe*
Plusquamperfekt	*gefragt hatte*	*gefragt hätte*
Futur	*fragen wird*	*fragen werde*
Futur Präteritum	...(*fragen wurde)	*fragen würde*
Futur Perfekt	*gefragt haben wird*	*gefragt haben werde*
Futur Plusquamperfekt	...(**gefragt haben wurde*)	*gefragt haben würde*

Die Aufteilung in diese acht Tempora kann als das Resultat davon angesehen werden, daß jedes Tempus drei Merkmale hat, und daß es für jedes Merkmal zwei Möglichkeiten gibt: + oder − (aus Vikner 1985:83–85).

	Präteritum	Perfekt	Futur
Präsens	−	−	−
Präteritum	+	−	−
Perfekt	−	+	−
Plusquamperfekt	+	+	−
Futur	−	−	+
Futur Präteritum	+	−	+
Futur Perfekt	−	+	+
Futur Plusquamperfekt	+	+	+

Die Merkmale haben folgende Auswirkungen auf die Temporalformen:

(1) a. Bei [+ Präteritum] tritt z.B. *fragte/fuhr/hatte/wurde/war* als finites Verb auf,

b. Bei [− Präteritum] z.B. *fragt/fährt/hat/wird/ist*.

c. Bei [+ Perfekt] gibt es mindestens zwei Verben, eines ist *haben/sein* und das andere ist ein Perfektpartizip,

d. Bei [− Perfekt] ist dies nicht der Fall.

e. Bei [+ Futur] gibt es mindestens zwei Verben, eines ist *werden* und das andere ist ein Infinitiv,

f. Bei [− Futur] ist dies nicht der Fall.

Wie man sieht, könnte Plusquamperfekt auch 'Präteritum Perfekt' heißen: Die Relation zwischen Plusquamperfekt und Präteritum ist parallel zu der zwischen Perfekt und Präsens, genau wie die Relation zwischen Plusquamperfekt und Perfekt parallel zu der zwischen Präteritum und Präsens ist.

Diese acht Tempora sind alle im Konjunktiv vorhanden, nicht aber im Indikativ: Futur Präteritum (**fragen wurde*) und Futur Plusquamperfekt (**gefragt haben wurde*) gibt es seit dem Frühneuhochdeutschen nicht mehr im Indikativ.

Was die Tempora im Indikativ betrifft, scheint in der Literatur Einigkeit über die Terminologie zu herrschen. Die einzige Ausnahme bildet die Form, die hier und bei Schulz & Griesbach (1978) 'Futur Perfekt' heißt: Sie wird meistens 'Futur II' oder 'Vor-Futur' genannt.

Im Konjunktiv, wo es also zwei Tempora mehr gibt als im Indikativ, gibt es keine terminologische Einigkeit, wie aus der folgenden Übersicht hervorgeht:

Hier	Eisenberg (1994) Helbig (1991) Helbig/Buscha (1986)
Konjunktiv Präsens	Konjunktiv Präsens
Konjunktiv Präteritum	Konjunktiv Präteritum
Konjunktiv Perfekt	Konjunktiv Perfekt
Konjunktiv Plusquamperfekt	Konjunktiv Plusquamperfekt

Konjunktiv Futur	Konjunktiv Futur I	
Konjunktiv Futur Präteritum	Konjunktiv Futur I (*würde*-Form)	
Konjunktiv Futur Perfekt	Konjunktiv Futur II	
Konjunktiv Futur Plusquamperfekt	Konjunktiv Futur II (*würde*-Form)	
Drosdowski (1984)	**Schulz & Griesbach (1978)**	**Weinrich (1993)**
Konjunktiv I Präsens	Konjunktiv I	Indirektiv
Konjunktiv II Präteritum	Konjunktiv II	Restriktiv
Konjunktiv I Perfekt	Konjunktiv I Vergangenheit	Rück-Indirektiv
Konjunktiv II Plusquamperfekt	Konjunktiv II Vergangenheit	Rück-Restriktiv
Konjunktiv I Futur I	–	Futur Indirektiv
Konjunktiv II Futur I	–	Futur Restriktiv
Konjunktiv I Futur II	–	Vor-Futur Indirektiv
Konjunktiv II Futur II	–	Vor-Futur Restriktiv

In Weinrich (1993) wird 'Indirektiv', in Drosdowski (1984) und in Schulz & Griesbach (1978) 'Konjunktiv I' für die konjunktiven Tempora verwendet, die [– Präteritum] sind. 'Restriktiv' und 'Konjunktiv II' wird für die konjunktiven Tempora verwendet, die [+ Präteritum] sind.

Der Unterschied zwischen Futur I und Futur II, der in vielen Darstellungen vorkommt, ist wie oben erwähnt ein anderer, nämlich der zwischen [– Perfekt] (Futur I) und [+ Perfekt] (Futur II).

7.2 Indikativ und Konjunktiv

Die Wahl zwischen Indikativ und Konjunktiv hängt davon ab, wie sich der Sprecher zu dem verhält, was er sagt, und ob er dieser Einstellung Ausdruck geben möchte. Allgemein läßt sich sagen, daß durch die Modi die Einstellung des Sprechers zum geäußerten Sachverhalt ausgedrückt wird. Modus bezeichnet dabei eine morphologische Kategorie, die wir von der semantischen Kategorie Modalität unterscheiden müssen. Nur für Indikativ, Konjunktiv und Imperativ liegen im Deutschen eigenständige Verbflexionsformen vor. Um einen geäußerten Sachverhalt zu behaupten, zu erfragen, zu bezweifeln oder um zu etwas aufzufordern, lassen sich auch andere grammatische Mittel verwenden, so zum Beispiel Modalverben und Satzadverben oder die Umschreibung mit *haben/sein* und nachfolgendem *zu*-Infinitiv.

(2)   a. Fritz *warte* noch etwas
      Fritz *soll* noch etwas warten
   b. *Käme* er doch heute noch
      Hoffentlich kommt er noch heute
   c. *Haltet* die Abgabefrist unbedingt ein
      Die Abgabefrist *ist* unbedingt *einzuhalten*

7.2.1 Indikativ

Wenn der Sprecher Indikativ verwendet, drückt er keine besondere Einstellung aus zu dem, was er sagt, er stellt etwas ohne Einschränkung dar. Indikativ ist damit der 'Normalmodus', durch den der geäußerte Sachverhalt als gegeben dargestellt wird. Zumindest in einfachen Aussagesätzen, die nicht durch Modalverben oder Satzadverben modifiziert sind, erweist sich Indikativ als Modus, mit dem die Wirklichkeit des Sachverhalts, auf den sich die Äußerung bezieht, konstatiert wird. Konjunktiv ist der Modus, der nur angewendet wird, wenn sich besondere Verhältnisse geltend machen.

7.2.2 Konjunktiv

Konjunktiv wird dann verwendet, wenn der Sprecher sozusagen einen gewissen Abstand nehmen möchte von dem, was er sagt. Konjunktiv als Form der subjektiven Stellungnahme des Sprechers drückt z.B. aus, daß der Sprecher nicht völlig sicher ist, ob das, was er sagt, wahr ist oder wahr wird. Für den Konjunktiv findet man deshalb auch oft die Bezeichnung *Möglichkeitsform*:

(3)   a. Anke meint, daß sie das Problem lösen kann
   b. Anke meint, daß sie das Problem lösen könne

Nur in (3b) wird ausgesagt, daß der Sprecher sich nicht ganz sicher ist, daß Anke im Stande sein wird, das Problem zu lösen. Zudem finden wir in diesem Beispiel eine der typischen Verwendungsweisen des Konjunktivs, nämlich in einem abhängigen Satz die indirekte Rede oder die Wiedergabe von Gedanken zu kennzeichnen. Das in (3) verwendete Matrixverb (*meinen*) trägt sicherlich mit dazu bei, daß die subjektive Stellungnahme, die der Konjunktiv ausdrückt, auch als die des Matrixsubjekts (*Anke*) interpretiert werden kann.

Wie oben erwähnt, wird häufig ein grundlegender Unterschied angenommen zwischen den konjunktiven Tempora, die [− Präteritum] sind (auch 'Konjunktiv I' oder 'Indirektiv' genannt) und denen, die [+ Präteritum] sind (auch 'Konjunktiv II' oder 'Restriktiv' genannt).

Die Konjunktivformen, die [− Präteritum] sind (Konjunktiv Präsens, Perfekt, Futur und Futur Perfekt), werden am häufigsten zum Ausdruck eines Wunsches oder einer Aufforderung verwendet, aber auch in festen Redewendungen oder in einem Finalsatz:

(4)   a. Der Jubilar *lebe* hoch

        b. Man *nehme* 500 g Knoblauch und 200 g Butter

        c. Gott *sei* Dank

        d. Er fährt ans Mittelmeer, damit er sich *erhole*

Die Konjunktivformen, die [+ Präteritum] sind (Konjunktiv Präteritum, Plusquamperfekt, Futur Präteritum und Futur Plusquamperfekt) werden am häufigsten in der Funktion des Irrealis zum Ausdruck der Nichtwirklichkeit eines geäußerten Sachverhalts verwendet. Diese Konjunktivformen finden sich in Sätzen, in denen Wunsch, Zweifel oder Möglichkeit als subjektive Einstellung des Sprechers angezeigt werden:

(5)   a. Um ein Haar *wären* sie zusammengestoßen

        b. *Käme* doch endlich die Straßenbahn

        c. Du *könntest* dieses Gerät reparieren?

        d. Fritz *könnte* dieses Gerät reparieren

Zudem treten Konjunktivformen mit dem Merkmal [+ Präteritum] in folgenden Satztypen auf: a) kontrafaktische Konditionalsätze, bei denen weder das zuerst genannte noch das danach genannte Ereignis eingetreten ist, b) irreale Konsekutivsätze und c) Komparativsätze.

(6)   a. Wenn er gekommen *wäre*, *hätte* ich mich gefreut

        b. Sie ist viel zu intelligent, als daß sie sich darauf einlassen *würde*

        c. Sie hat so getan, als ob sie ihn nicht gesehen hätte

Beide Konjunktivformen ([+ Präteritum] und [− Präteritum]) werden gleichwertig zur Kennzeichnung der indirekten Rede oder der Wiedergabe von Gedanken verwendet. Anders als beim Indikativ und entgegen der analog zu diesem Modus möglichen Merkmalszuweisung von [± Präteritum] ergeben sich dabei keine Tempusunterschiede. Die zeitliche Situierung des eingebetteten Sachverhalts scheint weitgehend durch das Tempus des übergeordneten Verbs festgelegt zu sein. Die beiden anderen Merkmale, die mit jeder Tempusform verbunden sind ([± Perfekt], [± Futur]), bleiben jedoch wirksam. Dies wird besonders dann deutlich, wenn wir uns mit Futur Präteritum und Futur Plusquamperfekt beschäftigen, den beiden Tempora, die es nur im Konjunktiv gibt.

Für die Verwendung von Konjunktiv in diesem Zusammenhang gilt, daß Konjunktiv [+ Präteritum] immer dann eingesetzt wird, wenn die Form von Konjunktiv [− Präteritum] mit dem Indikativ identisch ist. Wenn Konjunktiv [+ Präteritum] mit dem Indikativ identisch ist, wird eine Ersatzform mit *würde* eingesetzt, die nach den hier verwendeten Bezeichnungen einer Form von Konjunktiv Futur Präteritum oder Konjunktiv Futur Plusquamperfekt entspricht.

(7) a. Er (hat) behauptet, er *könne/könnte* das Gerät reparieren

b. Sie fragte, ob er heute noch *komme/käme*

c. Fritz meint, wir *schreiben* ihm nicht oft genug
 1. Person Plural Präsens Indikativ und Konjunktiv

d. Fritz meint, wir *schrieben* ihm nicht oft genug
 1. Person Plural Präteritum Indikativ und Konjunktiv

e. Fritz meint, wir *würden* ihm nicht oft genug schreiben

Stilistisch besteht die Tendenz, die Wiedergabe von indirekter Rede und Gedanken durch die *würde*-Form zu kennzeichnen, da einfache Konjunktivformen oft zu antiquiert klingen.

7.3 Tempus

Tempus und die Wahl zwischen Konjunktiv und Indikativ werden also hier als völlig unabhängig voneinander gesehen. Deswegen gibt es auch in den folgenden Abschnitten sowohl Beispiele mit Indikativ als auch mit Konjunktiv.

Die Bedeutungsunterschiede zwischen den Tempora können mittels drei Typen von Zeitpunkten beschrieben werden, die mit jedem Tempus anders festgelegt werden:

(8) a. Sprechzeit: der Zeitpunkt, an dem die Äußerung gemacht wird

b. Betrachtzeit: der Zeitpunkt, von dem aus das Ereignis betrachtet wird

c. Ereigniszeit: der Zeitpunkt, an dem das Ereignis stattfindet

Es gibt immer drei Möglichkeiten, wie sich zwei von diesen Zeitpunkten zueinander verhalten können (vgl. Vergangenheit, Gegenwart und Zukunft): X kann vor Y kommen, X und Y können sich überschneiden, und X kann nach Y kommen.

7.3.1 Präsens

Im Präsens überschneiden sich normalerweise alle drei Zeitpunkte. Sowohl das Ereignis als auch die zeitliche Perspektive, von der aus das Ereignis betrachtet wird, liegen in der Gegenwart.

(9)   a. Das Kind *schläft*
        b. Anke *studiert* Linguistik
        c. Zwei mal zwei *ist* vier
        d. Martin behauptet, er *sei* der neue Bundeskanzler

Das Tempus sagt nichts darüber, wie lange der beschriebene Sachverhalt (*schlafen, Linguistik studieren, vier sein,* oder *Bundeskanzler sein*) dauert, nur daß es auch dann zutrifft, wenn der Satz geäußert wird (in (9d) mit den Einschränkungen, die der Konjunktiv mit sich bringt).

Präsens kann auch nicht-gegenwärtige Lesarten haben. Präsens ist mit einer Zukunftsbedeutung möglich, aber je länger das Ereignis ist, um so mehr ist ein Zeitadverbial erforderlich, um sicherzustellen, daß die Betrachtzeit erst nach der Sprechzeit vorkommt. Bei einem punktuellen Ereignis wie *verlassen* ist dieses Zeitadverbial optional, bei einem Zustand wie *wohnen* dabei obligatorisch, wenn Präsens Zukunftsbedeutung haben soll:

(10)   a. Ich hoffe, daß sie (*bald*) Stuttgart verläßt
         b. Ich hoffe, daß sie *auch nächstes Jahr* in Stuttgart *arbeitet*

Bei historischem Präsens wird die Sprechzeit (und damit auch die Betrachtzeit und die Ereigniszeit) in die Vergangenheit 'verschoben':

(11)   Als wir über dies und jenes sprachen, *steht* er plötzlich auf und *geht* raus

7.3.2 Präteritum

Im Präteritum gehen die anderen zwei Zeitpunkte der Sprechzeit voraus. Sowohl das Ereignis als auch die zeitliche Perspektive, von der aus das Ereignis betrachtet wird, liegen in der Vergangenheit.

(12)   a. Das Kind *schlief*
        b. Letztes Jahr *studierte* Anke Linguistik
        c. 1906 *war* Berlin die Hauptstadt Deutschlands
        d. Martin behauptete, er *wäre* der neue Bundeskanzler

Nichts wird darüber gesagt, ob der Sachverhalt (*schlafen, Linguistik studieren, Hauptstadt sein* oder *Bundeskanzler sein*) zur Sprechzeit immer noch oder wieder zutrifft. Fest steht nur, daß er zu einem (bestimmten) Zeitpunkt in der Vergangenheit zutrifft (in (12d) mit den Einschränkungen, die der Konjunktiv mit sich bringt).

7.3.3 Futur

Im Futur geht die Sprechzeit den anderen zwei Zeitpunkten voraus. Sowohl das Ereignis als auch die zeitliche Perspektive, von der aus das Ereignis betrachtet wird, liegen in der Zukunft.

(13) a. Das Kind *wird schlafen*
b. Nächstes Jahr *wird* Anke Linguistik *studieren*
c. 2006 *wird* Berlin die Hauptstadt Deutschlands *sein*
d. Martin behauptet, er *werde* der nächste Bundeskanzler

Nichts wird darüber gesagt, ob der Sachverhalt (*schlafen, Linguistik studieren, Hauptstadt sein* oder *Bundeskanzler sein*) zur Sprechzeit zutrifft. Fest steht nur, daß er zu einem (bestimmten) Zeitpunkt in der Zukunft zutrifft (in (13d) mit den Einschränkungen, die der Konjunktiv mit sich bringt). Die Futurform kann auch eine gegenwärtige Lesart haben, allerdings dann mit einer gewissen Unsicherheit verbunden (der Sprecher äußert nur eine Vermutung):

(14) a. Er *wird* (jetzt) schon da *sein*
b. Er *ist* (jetzt) schon da

Wenn *da* durch *hier* ersetzt wird, ist (14a) mit Gegenwartsbezug unmöglich, weil der Sprecher über Sachverhalte zur Sprechzeit (*jetzt*) am Ort der Äußerung (*hier*) nicht bloß Vermutungen anstellen kann, sondern normalerweise Bescheid wissen muß.

7.3.4 Perfekt

Im Perfekt geht die Ereigniszeit den anderen zwei Zeitpunkten voraus. Nur das Ereignis selber und nicht die zeitliche Perspektive, von der aus das Ereignis betrachtet wird, liegt in der Vergangenheit.

(15) a. Das Kind *hat geschlafen*
b. Vielleicht *hat* Anke Linguistik *studiert*
c. Paris *ist* immer die Hauptstadt Frankreichs *gewesen*
d. Martin behauptet, er *sei* einmal Bundeskanzler *gewesen*

Der Unterschied zum Präteritum liegt also darin, daß im Perfekt der Sachverhalt von der Gegenwart aus betrachtet wird (und dieser Betrachtzeit vorausgeht), während im Präteritum der Sachverhalt von einem gleichzeitigen Zeitpunkt aus betrachtet wird, der aber in der Vergangenheit liegt.

(16)   a. Die Straße *ist* naß, weil es *geregnet hat*
       b. *Die Straße *ist* naß, weil es *regnete*

Der Unterschied zwischen (16a) und (16b) kann dadurch erklärt werden, daß die Betrachtzeiten der zwei Tempora übereinstimmen müssen. Die Betrachtzeit des Präsens (*ist naß*) liegt in der Gegenwart, genau wie die Betrachtzeit von Perfekt (*geregnet hat*), während die Betrachtzeit des Präteritums (*regnete*) in der Vergangenheit liegt.

In vielen Zusammenhängen sind Perfekt und Präteritum miteinander austauschbar:

(17)   a. Rabin und Arafat *haben* 1995 den Friedensnobelpreis *erhalten*
       b. Rabin und Arafat *erhielten* 1995 den Friedensnobelpreis

Nur in den süddeutschen Dialekten stehen diese beiden Formen nicht gleichwertig nebeneinander, weil es dort überhaupt kein Präteritum gibt (vgl. (17b)), d.h. nur (17a) ist z.B. im Schwäbischen, Bayrischen und Schweizerdeutschen wohlgeformt. (17a) illustriert auch einen Unterschied zwischen dem Deutschen und z.B. dem Englischen. Im Englischen wäre es nicht möglich, die Betrachtzeit in einem Satz mit Perfekt durch ein Zeitadverbial (*1995* in (17a)) so festzulegen, daß es nicht an die Gegenwart angrenzt oder sie mit einschließt. Daß die Festlegung der Betrachtzeit bei Perfekt im Deutschen nicht einer solchen Beschränkung unterliegt, ist genau das, was die häufige Austauschbarkeit mit Präteritum verursacht.

7.3.5 Plusquamperfekt

Im Plusquamperfekt geht die Ereigniszeit der Betrachtzeit voraus, die wieder der Sprechzeit vorausgeht, wie es auch in der Bezeichnung 'Vor-Vergangenheit' ausgedrückt wird.

(18)   a. Das Kind *hatte* schon *geschlafen*, als die Mutter ankam
       b. Weil Anke Linguistik *studiert hatte*, wurde sie schnell reich
       c. 1814 attackierten die Briten Washington D.C., das vierzehn Jahre zuvor Hauptstadt der USA *geworden war*
       d. Martin behauptete, er *wäre* einmal Bundeskanzler *gewesen*

Der Sachverhalt im eingebetteten Satz in z.B. (18c) (*Hauptstadt werden*) geht der Betrachtzeit voraus (*1814* ist die Betrachtzeit für sowohl Haupt- als Nebensatz), die wieder der Sprechzeit (*jetzt*) vorausgeht.

In den (süddeutschen) Dialekten, die kein Präteritum haben, kann Präteritum auch nicht für die Bildung des Plusquamperfekts verwendet werden, auch hier wird wieder Perfekt (diesmal also als Baustein des Plusquamperfekts) eingesetzt. (18a) wird dann zu (19), indem *hatte* mit *hat gehabt* ersetzt wird:

(19)   Das Kind *hat* schon *geschlafen gehabt*, als die Mutter angekommen ist

7.3.6 Futur Perfekt

Im Futur Perfekt gehen sowohl die Sprechzeit als auch die Ereigniszeit der Betrachtzeit voraus. Daß die Ereigniszeit der Betrachtzeit vorausgeht, hat Futur Perfekt mit Perfekt und Plusquamperfekt gemein, und daß die Sprechzeit der Betrachtzeit vorausgeht, hat Futur Perfekt mit Futur gemein.

Bei diesem Tempus können wir zum ersten Mal sehen, daß die Sprechzeit und die Ereigniszeit nicht direkt miteinander verbunden sein müssen. Sie sind nur indirekt durch die Betrachtzeit verbunden. Daß Sprechzeit und Ereigniszeit nicht im Verhältnis zueinander eingeordnet werden können, resultiert aus dem Umstand, daß beide der Betrachtzeit vorausgehen.

(20)   Bis Freitag *wird* Anke das Buch *gelesen haben*

Fest steht nur, daß sowohl die Sprechzeit (*jetzt*) als auch die Ereigniszeit (*das Lesen*) der Betrachtzeit (*Freitag*) vorausgehen. Nichts wird darüber gesagt, ob das Lesen schon stattgefunden hat (die Ereigniszeit würde der Sprechzeit vorausgehen), gerade zur Sprechzeit im Begriff ist stattzufinden (die Ereigniszeit und die Sprechzeit würden sich überschneiden) oder erst später passieren wird (die Sprechzeit würde der Ereigniszeit vorausgehen).

Dies wird dadurch unterstützt, daß ein solcher Satz durchaus geäußert werden kann, ohne daß der Sprecher überhaupt weiß, ob das Ereignis (*das Lesen*) schon stattgefunden hat. Wenn der Sprecher schon wüßte, daß das Ereignis (*das Lesen*) stattgefunden hat, würde die Äußerung von (20) die Verletzung einer pragmatischen Regel darstellen, da der Sprecher weniger informativ wäre, als er hätte sein können (er hätte nämlich dann sagen können, daß Anke das Buch schon gelesen hat). Daß diese Äußerung aber keine grammatische Regel verletzt, sieht man daran, daß sie innerhalb desselben Satzes korrigiert oder modifiziert werden kann:

(21)   Ich bin ganz sicher, daß Anke das Buch bis Freitag *gelesen haben wird*, und zwar deswegen, weil ich weiß, daß sie es schon gelesen hat

Eine solche Korrektur ist nicht möglich, wenn eine grammatische Regel verletzt wird, wie z.B. beim Futur, wo die Ereigniszeit nach der Sprechzeit kommen muß:

(22) *Ich bin ganz sicher, daß Anke das Buch bis Freitag *lesen wird*, und zwar deswegen, weil ich weiß, daß sie es schon gelesen hat

Jetzt sind sämtliche sechs Tempora besprochen worden, die im Indikativ vorkommen. Anhand der bisherigen Ausführungen sind wir nun in der Lage, folgende schematisierte Darstellung des Systems der Tempora zu geben, wobei S für Sprechzeit, B für Betrachtzeit, und E für Ereigniszeit steht (aus Vikner 1985:90):

(23)
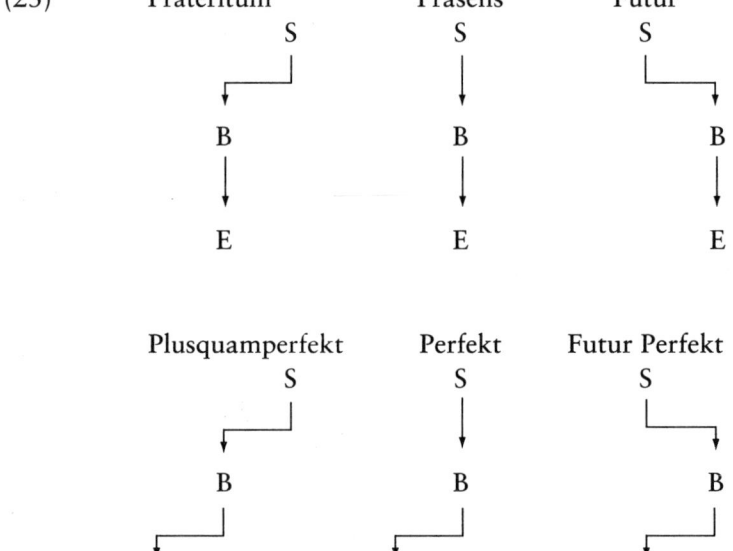

Die Schematisierungen in (23) basieren alle sechs auf dem Schema in (24), d.h. die Gegenwart wird von der Sprechzeit festgelegt, wobei alles, was links von S ist, in der Vergangenheit liegt, und alles, was rechts von S ist, in der Zukunft liegt:

(24)
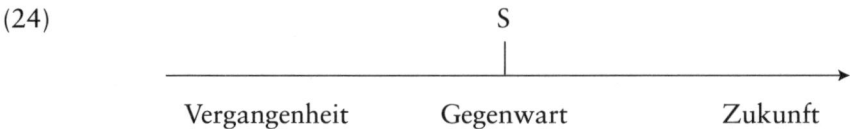

7.3.7 Futur Präteritum

Futur Präteritum ist eines von den zwei Tempora, die nur im Konjunktiv vorkommen.

Im Futur Präteritum geht die Betrachtzeit sowohl der Sprechzeit als auch der Ereigniszeit voraus. Auch hier können wir (wie beim Futur Perfekt) sehen, daß die Sprechzeit und die Ereigniszeit nicht direkt miteinander verbunden sein müssen. Sie sind nur indirekt durch die Betrachtzeit verbunden, weil das Resultat davon, daß die Betrachtzeit ihnen beiden vorausgeht, ist, daß sie nicht im Verhältnis zueinander eingeordnet werden können:

(25) Gestern sagte Anke, daß sie das Buch *lesen würde*

Fest steht nur, daß die Betrachtzeit (*gestern*) sowohl der Sprechzeit (*jetzt*) als auch der Ereigniszeit (*das Lesen*) vorausgehen. Nichts wird darüber gesagt, ob das Lesen schon stattgefunden hat (die Ereigniszeit würde der Sprechzeit vorausgehen), gerade zur Sprechzeit im Begriff ist, stattzufinden (die Ereigniszeit und die Sprechzeit würden sich überschneiden) oder erst später passieren wird (die Sprechzeit würde der Ereigniszeit vorausgehen). Dies kann so schematisiert werden, vgl. (23):

(26) Futur Präteritum

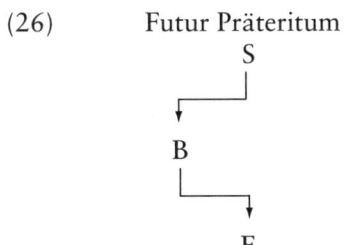

7.3.8 Futur Plusquamperfekt

Futur Plusquamperfekt, das andere der zwei Tempora, die nur im Konjunktiv vorkommen, ist ohne Zweifel das komplexeste Tempus des Deutschen.

Futur Plusquamperfekt hat mit Plusquamperfekt gemein, daß eine Betrachtzeit der Sprechzeit vorausgehen muß (wie in jedem Präteritum und Plusquamperfekt), und daß die Ereigniszeit einer Betrachtzeit vorausgehen muß (wie in jedem Perfekt und Plusquamperfekt). Anders als im 'normalen' Plusquamperfekt ist, daß es beim Futur Plusquamperfekt nicht um eine, sondern um zwei Betrachtzeiten geht:

(27) Letzte Woche sagte Anke, daß sie das Buch bis Freitag *gelesen haben würde*

Fest steht, daß sowohl die erste Betrachtzeit (B1, *letzte Woche*) sowohl der Sprechzeit (*jetzt*) als auch der zweiten Betrachtzeit (B2, *bis Freitag*) vorausgeht. Fest steht auch, daß die Ereigniszeit (*das Lesen*) der zweiten Betrachtzeit (B2, *bis Freitag*) vorausgeht.

Die Ereigniszeit (*das Lesen*) kann weder im Verhältnis zu der Sprechzeit (*jetzt*) noch im Verhältnis zu der ersten Betrachtzeit (B1, *letzte Woche*) eingeordnet werden. Mit anderen Worten, das Lesen wird vor Freitag stattfinden/ stattgefunden haben, aber ob es zur Sprechzeit erfolgt ist oder nicht, ist nicht bekannt, und es ist auch nicht bekannt, ob das Lesen vor letzter Woche stattgefunden hat oder nicht.

Dazu kommt, daß die zweite Betrachtzeit (B2, *bis Freitag*) nicht im Verhältnis zu der Sprechzeit (*jetzt*) eingeordnet werden kann. Mit anderen Worten, der erwähnte Freitag kann schon gewesen sein, kann aber auch in der Zukunft liegen.

Die Schematisierung müßte folgendermaßen aussehen, vgl. (23) und (26):

(28)   Futur Plusquamperfekt

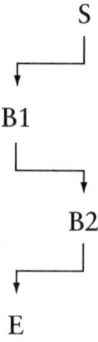

Eine Möglichkeit ist jetzt, die anderen Schematisierungen unverändert wie in (23) und (26) zu lassen, was bedeuten würde, daß Futur Plusquamperfekt etwas ganz besonderes und exzeptionelles im deutschen Tempussystem wäre. Die andere Möglichkeit wäre, überall zwei Betrachtzeiten einzuführen, indem wir davon ausgehen, daß sie in den meisten Fällen entweder miteinander oder mit der Sprechzeit zusammenfallen (aus Vikner 1985:93):

Tempus und Modus

(29)

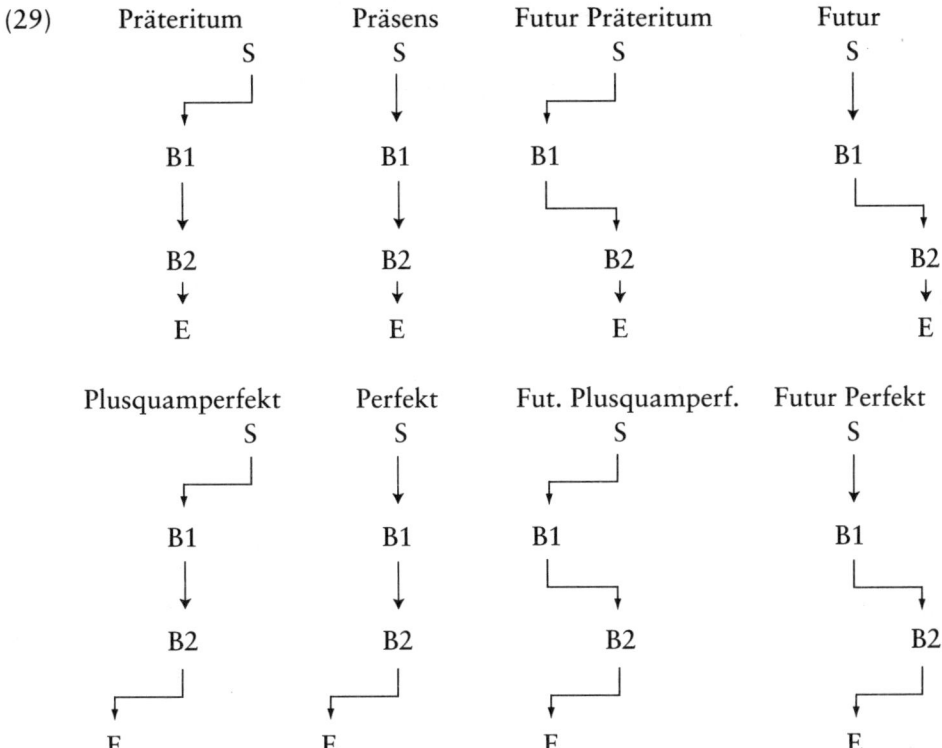

Nicht nur hätte man hiermit ein einheitliches System erreicht, wo Futur Plusquamperfekt zwar sämtliche Zeitverschiebungsmöglichkeiten erschöpft, aber nicht wirklich exzeptionell ist; man hätte auch ein System, wo es immer nur zwei Möglichkeiten gibt: B1 kann entweder S vorausgehen oder die zwei können sich überschneiden. S kann aber nicht B1 vorausgehen. Mit anderen Worten, wir hätten ein System mit drei Relationen (zwischen S und B1, zwischen B1 und B2 und zwischen B2 und E), die alle binär sind.

Damit läßt sich nun ein Zusammenhang mit den Merkmalen in (31)(=(1)) und der Tabelle mit Tempusmerkmalen zeigen, wo es auch um drei binäre Merkmale ging (aus Vikner 1985:94):

(30)   a. Bei [+ Präteritum] geht die Betrachtzeit 1 der Sprechzeit voraus.

        b. Bei [- Präteritum] überschneiden sich die Betrachtzeit 1 und die Sprechzeit.

        c. Bei [+ Futur] geht die Betrachtzeit 1 der Betrachtzeit 2 voraus.

        d. Bei [- Futur] überschneiden sich die Betrachtzeit 1 und die Betrachtzeit 2.

        e. Bei [+ Perfekt] geht die Ereigniszeit der Betrachtzeit 2 voraus.

        f. Bei [- Perfekt] überschneiden sich die Ereigniszeit und die Betrachtzeit 2.

(31) a. bei [+ Präteritum] tritt z.B. *fragte/fuhr/hatte/wurde/war* als finites Verb auf,
b. bei [– Präteritum] z.B. *fragt/fährt/hat/wird/ist*.
c. bei [+ Futur] gibt es mindestens zwei Verben, eines ist *werden* und eines ist ein Infinitiv,
d. bei [– Futur] ist dies nicht der Fall.
e. bei [+ Perfekt] gibt es mindestens zwei Verben, eines ist *haben/sein* und eines ist ein Perfektpartizip,
f. bei [– Perfekt] ist dies nicht der Fall.

	Präteritum	Perfekt	Futur
Präsens	–	–	–
Präteritum	+	–	–
Perfekt	–	+	–
Plusquamperfekt	+	+	–
Futur	–	–	+
Futur Präteritum	+	–	+
Futur Perfekt	–	+	+
Futur Plusquamperfekt	+	+	+

Noch ein Vorteil wäre, daß Präsens als das am wenigsten markierte Tempus dasteht, mit dreimal –, d.h. Überschneidung von sämtlichen relevanten Zeitpunkten, und Futur Plusquamperfekt als das markierteste, mit dreimal +, d.h. keine Zeitpunkte überschneiden sich.

Hiermit ist eine gewisse Einheit zwischen Form (31) und Inhalt (30) der verschiedenen Tempora hergestellt.

7.4 Imperativ

Mit dem Imperativ wird in erster Linie eine Handlungsaufforderung oder ein Verbot ausgedrückt. Natürlich läßt sich dies auch mit anderen grammatischen Mitteln bewerkstelligen, uns interessieren aber zunächst Formen, die eine morphologische Kategorie Imperativ durch eigenständige Flexionsmuster ausdrücken. Allerdings stehen für den Imperativ, verglichen mit den anderen Modi, nur sehr wenige eigene Formen zur Verfügung, Imperativformen existieren nur für die 2. Person Singular und Plural, und es tritt im Unterschied zu den anderen Modi keine Variation in den Tempusformen auf.

Für andere Personenformen gibt es zum Ausdruck einer Aufforderung oder eines Verbots Alternativen (32c,d), die zwar funktional dem Imperativ entsprechen, jedoch nicht auf dem Flexionsschema für den Verbmodus beruhen. Auch

Infinitive (32e) werden häufig in der Funktion von Imperativen verwendet, wenn der Adressat nicht genannt werden kann oder eine allgemeingültige Regel ausgedrückt werden soll.

Der Imperativ tritt aber auch in Konstruktionen auf, die nicht zu etwas auffordern oder etwas verbieten, sondern eher eine mögliche Bedingung für eine mögliche Konsequenz benennen, wie wir sie in Konditionalsätzen finden (32f).

(32) a. *Komm* her!
    b. *Beeilt* euch!
    c. *Kommen* Sie!
    d. *Fangen* wir endlich *an*!
    e. Dieses Feld nicht *beschreiben*!
    f. *Tu* das noch einmal, und ich rede nicht mehr mit dir

Zu den syntaktischen Merkmalen, die mit der Verwendung des Imperativs verbunden sind, gehören die Stellung des finiten Verbs an erster Position im Satz und das fakultative Auftreten eines Personalpronomens.

Mit Ausnahme der Modalverben können von allen Verben, die ein belebtes Subjekt aufweisen, Imperativformen gebildet werden. Sogenannte Vorgangs- und Zustandsverben sind von der Imperativbildung ausgeschlossen, wenn ihr Subjekt nicht willkürlichen Einfluß auf den vom Verb beschriebenen Sachverhalt hat.

(33) a. *Soll (Du) endlich aufhören!
    b. *Könnt (Ihr) wieder gehen!
    c. *Altere nicht so schnell!
    d. *Wisse die Antwort!

8. Argumentstruktur

> **Übersicht**
> - Passivbildung
> - Externalisierung
> - Designierte und nicht-designierte Argumente
> - Eigenschaften ergativer Verben
> - Bemerkungen zur Auxiliarselektion

Die **Argumente** eines Verbs sind das Subjekt und die Komplemente. Die Anzahl und Art der Argumente eines Kopfes bezeichnet man als seine **Argumentstruktur**. Man kann sich vorstellen, daß die Argumentstruktur eines jeweiligen Verbs einem bereitgestellten Raster während des Spracherwerbs gegenübersteht. Dieses Raster bietet die Voraussetzung dafür, wie die jeweilige Argumentstruktur im mentalen Lexikon gespeichert wird. Durch dieses Raster ist es möglich, Verbtypen nach dem Inhalt ihrer Argumentstruktur zu unterscheiden. Unterschiedliche Argumentstrukturen haben unterschiedliche Konsequenzen für syntaktische Prozesse, z.B. die Passivbildung.

Es gibt im Deutschen eine strikte Abhängigkeit zwischen dem Auftauchen des Objektskasus – *Akkusativ* – und der Ausschöpfung des Kasuspotentials für den Subjektskasus – *Nominativ*. Das bedeutet, daß Akkusativ und Nominativ im Deutschen in dem Sinne voneinander abhängig sind, daß der Akkusativ nur dann vorhanden ist, wenn der Nominativ bereits vergeben wurde (oder nicht vergeben werden kann).

8.1 Passivbildung

In (1a–c) wird der Nominativ an ein Element vergeben und dem direkten Objekt in (1a) kommt der Akkusativ zu. In (1d) ist es nicht möglich, den Nominativ zu vergeben.

(1)   a. *Der Rettungsdienst hat ihn sofort gefunden*
         b. *Er/*Ihn wurde sofort gefunden*
         c. *Der Rettungsdienst hat ihm sofort geholfen*
         d. **Er/Ihm wurde sofort geholfen*

Tritt das transitive Verb im Passiv auf, das im Deutschen durch das Auftreten des Auxiliars *werden* in Verbindung mit einem Perfektpartizip gekennzeichnet wird, hat folgende syntaktische Operation stattgefunden: Das transitive Subjekt des Aktivsatzes, das den Nominativ trägt, wird im Passivsatz getilgt (oder durch eine *von*-Phrase wiederaufgenommen). Dem Objekt des Aktivsatzes, das den Akkusativ trägt, wird im Passivsatz der Nominativ zugewiesen, vgl. (1a) und (1b). Es handelt sich bei der Passivoperation mit einem transitiven Verb somit um eine **Argumentreduktion mit Kasuskonversion.**

Wird ein intransitives Verb, das in (1c) auch einen Dativ vergibt, passiviert (1d), wird ebenfalls das Subjekt aus dem Aktivsatz getilgt. Der Dativ konvertiert im Passivsatz jedoch nicht in den Nominativ (1d).

Die Abhängigkeit der Argumentreduktion mit Kasuskonversion, wie sie zwischen Akkusativ und Nominativ herrscht, ist also zwischen Dativ und Nominativ nicht zu beobachten. Daher werden "Nominativ und Akkusativ als morphologische Realisierung eines strukturellen Kasusmerkmals gedeutet, Dativ und Genitiv hingegen als Realisierung eines inhärenten (lexikalischen) Merkmals", die keiner Alternation fähig sind (Haider 1993:109). Als die lexikalischen (oder auch inhärenten) Kasus werden Dativ und Genitiv daher bezeichnet, weil dieses grammatische Merkmal, das im Lexikon bei dem kasusvergebenden Element festgesetzt wird, eben nicht durch den spezifischen Kontext verändert werden kann, in dem dieses Merkmal auftaucht. Diese im Lexikon (daher lexikalische Kasus) festgelegten grammatischen Merkmale (Dativ und Genitiv) sind gegenüber ihrer grammatischen Umgebung resistent, was die Nicht-Alternationsfähigkeit in der Passivkonstruktion zeigt.

Erst wenn das Kasuspotential für den Subjektskasus ausgeschöpft worden ist (Nominativ ist schon vergeben), kann der strukturelle Objektskasus – der Akkusativ – vergeben werden.

(2)   a. Es ist wichtig, daß sie ihn heute noch findet
        b. Es ist wichtig, daß er heute noch gefunden wird

In (2b) ist das transitive Verb des Nebensatzes aus (2a) passiviert worden. Es gibt ein finites Verb in (2b), das an das potentielle Subjekt, nämlich das strukturelle Objekt *ihn* aus dem Aktivsatz, vgl. (2a), den Nominativ vergeben kann. Da im Deutschen der Nominativ nur vergeben werden kann, wenn ein Finitum vorhanden ist, finden wir im Satz (2b) die für Passiv übliche Argumentreduktion mit Kasuskonversion von Akkusativ zu Nominativ beim direkten Objekt.

Es scheint sich hier als allgemeine Regel abzuzeichnen, daß Akkusativ nur vergeben werden kann, wenn Nominativ bereits vergeben worden ist. Die Vergabe von Dativ unterliegt dagegen keiner solchen Restriktion.

8.2 Externalisierung

Welche strukturelle Kasusform vorkommt, ist, wie wir oben gesehen haben, von der syntaktischen Struktur abhängig. Mögliche Kasusformen sind Nominativ (3b, c), Akkusativ (3a, d) oder eine Nullform (3f, g). Ob eine inhärente (lexikalische) Kasusform vorkommt, ist jedoch schon im Lexikon festgelegt (z.B. Dativ bei *helfen*), vgl. (1c, d).

Wir haben z.B. bei der Passivbildung sehen können, daß Akkusativ mit Nominativ relativ zur gleichen semantischen Funktion alternieren kann, vgl. (3a) und (3b) und Nominativ mit Akkusativ, vgl. (3c) und (3d). Des weiteren kann der Nominativ auch mit der Nullform alternieren, wie in (3f, g).

(3) a. Sie sieht [*ihn*]
   b. [*Er*] wird gesehen
   c. Sie sieht, wie [*er*] tanzt
   d. Sie sieht [*ihn*] tanzen
   e. [*Er*] tanzt
   f. Es ist schwierig, [ ] zu tanzen
   g. Sie versucht [ ] zu tanzen

Problematisch für die obige Generalisierung, daß die Vergabe von Akkusativ die Vergabe von Nominativ voraussetzt, sind Sätze der Typen (3d, f, g).

Wie Haider (1993:110) argumentiert, können diese Generalisierung und auch die Ausnahmen in (3d, f, g) alle unter einer Regel erfaßt werden:

(4) Die interne Realisierung eines strukturellen Arguments setzt voraus, daß ein anderes Argument extern realisiert wird.

Ein Argument ist **intern** realisiert, wenn es Kasus von dem Element erhält, von dem es Argument ist. Ein Argument ist **extern** realisiert, wenn es nicht Kasus von dem Element erhält, von dem es Argument ist (wobei das Verb selbst und die Finitheitsmerkmale als zwei unterschiedliche Kasuszuweiser gelten). Hieraus ergeben sich drei Möglichkeiten, welcher Kasus einem extern realisierten Argument zugewiesen werden kann:

(5) **Externe Realisierung**
   Wird ein Argument extern realisiert, dann wird sein Kasus:
   a. vergeben durch die Kongruenzbeziehung zwischen Subjekt und Finitum – Nominativ, vgl. (3b, c, e)
   b. vergeben durch ein übergeordnetes Verb – Akkusativ, vgl. die AcI-Konstruktion in (3d)
   c. nicht vergeben – Nullform, vgl. (3f, g)

Zur Illustration für das Auftreten der Nullform des extern realisierten Arguments vgl. (6).

(6)   a. Es ist wichtig, [(*sie)] ihn heute noch zu finden

        b. Es ist wichtig, [   ]*er/ihn heute noch zu finden

        c. Es ist wichtig, [   ](*er/*ihn) heute noch gefunden zu werden

In (6a) im Nebensatz '*ihn heute noch zu finden*' gibt es zwar ein Verb *finden*, aber es steht im Infinitiv und somit weist der eingebettete Satz keine Finitheitsmerkmale auf. Der Nominativ kann daher nicht vergeben werden, weswegen (6a) mit dem Auftreten des Subjekts im Nominativ ungrammatisch ist. Die einzige Möglichkeit ist das Auftreten der Nullform. Der Akkusativ, den das Objekt trägt, wird vom transitiven *finden* weiterhin zugewiesen, (6a,b).

In (6c) kann gar kein strukturelles Argument des transitiven Verbs *finden* realisiert werden, denn hier interagieren zwei Mechanismen. Passivierung (mit werden) führt zur Tilgung des Subjekts.

Gemäß (4) kann ein Argument nur intern realisiert werden, wenn ein anderes extern realisiert wird. Analog zur Passivierung im finiten Satz muß das Objekt daher extern realisiert werden. Das sollte nun zur Kasuskonversion führen. Weil es kein Finitum im eingebetteten Satz gibt, kann aber der Nominativ nicht vergeben werden, und das extern realisierte Argument tritt als Nullform auf.

8.3 Designierte und nicht-designierte Argumente

Die hier vorgestellten Kriterien reichen aus, um zu zeigen, welche syntaktischen Unterschiede zwischen strukturellen und lexikalischen Kasus bestehen. Sie geben aber keine Antwort bezüglich der Nicht-Synonymie folgender Beispiele. Die Frage ist folgende: Wenn ein Verb zwei strukturelle Argumente in seiner Argumentstruktur aufweist, was gibt dann den Ausschlag dafür, welches Argument den Nominativ und welches den Akkusativ trägt?

(7)   a. Er fotografiert den Bahnhof

        b. *Der Bahnhof fotografiert ihn

        c. Das Bild beeindruckt den Betrachter

        d. *Der Betrachter beeindruckt das Bild

Dasjenige Element, das Subjekt in einer Proposition sein wird, ist im Lexikoneintrag von jedem Verb festgelegt, wobei das Subjekt nicht immer eine Person oder ein Handelnder sein muß. Dieses Argument wird als das **designierte Argument** bezeichnet und zur Kennzeichnung unterstrichen.

(8) a. fotografieren (ARG1, ARG2)
    b. beeindrucken (ARG1, ARG2)

Selbst in einer syntaktischen Umgebung, wo nur ein strukturelles Argument zur Verfügung steht, ist es wichtig, ob dieses Argument designiert ist oder nicht. D.h. nicht jedes Argument, das den Nominativ trägt, ist auch designiert. Das führt zu der Unterscheidung zwischen intransitiven und ergativen Verben. (Zu den ergativen Verben siehe Abschnitt 8.4.) Der Lexikoneintrag transitiver, intransitiver und ergativer Verben kann wie folgt unterschieden werden:

(9) a. schlafen (ARG1) (intransitiv)
    b. stürzen (ARG1) (ergativ)

(10) a. Die Kinder haben tief geschlafen
     b. Der Baum ist in die Tiefe gestürzt

Sowohl *Kinder* als auch *Baum* sind Subjekt einer Proposition. Abhängig von der Argumentstruktur des jeweiligen Verbs ist dieses Subjekt einmal designiertes Argument (intransitive und transitive Verben) und einmal nicht-designiertes Argument (ergative Verben).

Betrachtet man sowohl Verben mit einem strukturellen Argument, als auch solche mit zwei strukturellen Argumenten, so ergibt sich folgender Überblick:

transitiv	[ARG1, ARG2]	designiertes extern realisiertes Argument, nicht-designiertes intern realisiertes Argument
intransitiv	[ARG1]	designiertes extern realisiertes Argument
ergativ	[ARG1]	nicht-designiertes extern realisiertes Argument

Transitive Verben: Verben, die in ihrer Argumentstruktur zwei strukturelle Argumente aufweisen, ein designiertes und ein nicht-designiertes Argument. (Ein zusätzliches Argument mit lexikalischem Kasus ist möglich.)

Intransitive Verben: Verben, die in ihrer Argumentstruktur nur ein strukturelles Argument aufweisen, das designiert ist. (Ein zusätzliches Argument mit lexikalischem Kasus ist möglich.)

Ergative Verben: Verben, die in ihrer Argumentstruktur nur ein strukturelles Argument aufweisen, das nicht-designiert ist. (Ein zusätzliches Argument mit lexikalischem Kasus ist möglich.)

Transitiv bedeutet, voll zur Passivbildung mit Kasuskonversion (AKK >> NOM) fähig, wogegen echt intransitive Verben nur unpersönliches Passiv bilden können. Dative werden von der Kasuskonversion im Passiv nicht erfaßt. Passivierung ist an das designierte Argument gebunden (siehe auch Grewendorf 1989), d.h. passiviert werden können nur Verben, die ein designiertes Argument haben.

(11)   a. Er hat das Buch gelesen vs. Das Buch wurde gelesen
          (transitives Verb)
       b. Er hat gehustet vs. Es wurde gehustet
          (intransitives Verb)
       c. Er hat ihm geholfen vs. Ihm wurde geholfen
          (intransitives Verb)
       d. Er ist verwelkt vs. *Es wurde verwelkt
          (ergatives Verb)

Im einzelnen unterscheiden wir folgende Verbklassen:

(12)   a. Transitive Verben (ohne DAT):
          besuchen, holen, einladen, ...
       b. Transitive Verben (mit DAT):
          geben, schenken, gönnen, ...

(13)   a. Intransitive Verben (ohne DAT):
          arbeiten, schlafen, blühen, ...
       b. Intransitive Verben (mit DAT):
          zustimmen, zuhören, helfen, ...

(14)   a. Ergative Verben (ohne DAT):
          ankommen, verblühen, wachsen, fallen, ertrinken, ersticken, entstehen, verwelken...
       b. Ergative Verben (mit DAT):
          unterliegen, unterlaufen, auffallen, gelingen, passieren, zustoßen, einfallen, ...

8.4 Eigenschaften ergativer Verben

Anhand von verschiedenen Tests werden transitive und intransitive Verben (beide immer mit designiertem Argument) von ergativen Verben (immer ohne designiertes Argument) unterschieden. Der Grundgedanke ist, daß das Subjekt ergativer Verben mehr mit dem Objekt transitiver Verben gemeinsam hat (beide sind nicht-designiert) als mit den Subjekten transitiver und intransitiver Verben (diese sind dagegen designiert).

8.4.1 Perfektbildung mit *sein*

Ergative Verben bilden ihr Perfekt mit *sein*, nicht mit *haben*.[1] Siehe auch Abschnitt 8.5.

(15)   Ergative Verben:
      a. Sie *ist* geflohen
      b. Sie *ist* gegangen
      c. Der Stein *ist* in die Schlucht gestürzt
      d. Er *ist* 5 cm gewachsen
      e. Er *ist* den Eltern entgegen gelaufen

(16)   (In)transitive Verben:
      a. Sie *haben* getanzt (intransitiv)
      b. Sie *hat* ihn fotografiert (transitiv)

8.4.2 Attributiv gebrauchtes Perfektpartizip mit Subjektsbezug

Attributiv gebrauchtes Perfektpartizip ist bei transitiven Verben nur mit Objektsbezug möglich, bei intransitiven Verben überhaupt nicht und bei ergativen Verben nur mit Subjektsbezug. Der Grund dafür ist, daß sich das Perfektpartizip attributiv nur auf das nicht-designierte Argument eines Verbs beziehen kann.

(17)   Intransitive und transitive Verben:
      a. Maria hat den Studenten fotografiert
          *die fotografierte Maria
          der fotografierte Student
      b. Maria hat dem Studenten das Buch gegeben
          *die gegebene Maria
          *der gegebene Student
          das gegebene Buch
      c. Der Student hat gearbeitet
          *der gearbeitete Student

---

[1] Vgl. aber folgende Verben, die ihr Perfekt mit *sein* bilden, ansonsten aber ein syntaktisches Verhalten aufweisen, das dem transitiver Verben entspricht (u.a. regieren sie einen Akkusativ):
    a. Er *ist* die Arbeit durchgegangen
    b. Er *ist* den Bund fürs Leben eingegangen
    c. Ich *bin* die ganze Stadt abgelaufen
    d. Sie *ist* ihn geflohen
    e. Sie *ist* ihn angegangen

(18) Ergative Verben:

  a. Dem Hans ist ein Fehler unterlaufen
     *der unterlaufene Hans
     der unterlaufene Fehler

  b. Dem Max ist ein Schaden entstanden
     *der entstandene Max
     der entstandene Schaden

  c. Die Blume ist verwelkt
     die verwelkte Blume

8.4.3 Unpersönliches Passiv

Unpersönliches Passiv ist bei ergativen Verben im Prinzip nicht möglich, weil kein designiertes Argument vorhanden ist. Beachten Sie aber die Beispiele mit Bewegungsverben.

(19) Intransitive Verben:

  a. Sie haben getanzt / gearbeitet / geschrien / geschlafen
  b. Es wurde getanzt / gearbeitet / geschrien / geschlafen
  c. Dem Hans wurde zugehört / geholfen

(20) Ergative Verben:

  a. Sie sind gewachsen / gefallen / eingeschlafen / gestanden
  b. Es wurde *gewachsen / *gefallen / *eingeschlafen / *gestanden
  c. *Dem Hans wurde unterlaufen / entstanden

Anhand der folgenden Beispiele wird gezeigt, daß unpersönliches Passiv bei den Bewegungsverben jedoch möglich ist. Die Bewegungsverben bilden daher für das Kriterium (Nicht-Passivierbarkeit) eine Ausnahme.

(21) a. Sie sind angekommen / gerannt / gelaufen / gesprungen / geschwommen / gestorben

  b. Es wurde ?angekommen / gerannt / gelaufen / gesprungen / geschwommen / ?gestorben

8.4.4 Direktional- und Resultativprädikation

Direktionale und resultative Prädikation beziehen sich immer auf das direkte Objekt oder auf das ergative Subjekt (das nicht-designierte Argument), vgl. Heilmann (1988).

(22) a. Peter stürzt den Baum *ins Wasser*
     b. Der Baum stürzt *ins Wasser*

in beiden Fällen ist der Baum im Wasser, in a. also das direkte Objekt, in b. das ergative Subjekt.

(23) a. Peter hämmert das Blech *flach*
     b. *Das Blech hämmert *flach*
     c. *Peter hämmert *flach*

In (23a) bezieht sich *flach* auf das direkte Objekt *Blech*, d.h. das Blech ist als Resultat der Aktion flach. In b. wäre Blech ergatives Subjekt, aber *hämmern* ist kein ergatives Verb, daher ist der Satz ungrammatisch. Beispiel (23c) ist ungrammatisch, weil kein nicht-designiertes Argument vorhanden ist, auf das sich *flach* beziehen könnte; Subjektsbezug ist nicht möglich.

(24) a. Die Sonne schmilzt den Schnee *zu Wasser*
     b. Der Schnee schmilzt *zu Wasser*
        In a. wird das direkte Objekt *Schnee* zu Wasser, in b. das ergative Subjekt.

8.4.5 -*er*-Nominalisierung

Mit dem -*er*-Suffix kann man vom Verb ein Substantiv ableiten, das unter anderem das Agens benennen kann. Ein Agens ist jemand, der eine Handlung auslöst oder ausführt. Wenn ein Agens vorhanden ist, muß es das designierte Argument sein. Deswegen ist Agens-Suffigierung bei ergativen Verben nicht möglich. Auch hier bilden Bewegungsverben eine Ausnahme.

(25) a. Arbeiter / Tänzer / Schläfer / Denker / Helfer / Diener
     b. *Ankommer / *Wachser / *Faller / *Einschläfer / *Ersticker / *Unterlieger
     c. Läufer / Steher / Schwimmer

8.4.6 Komplexes Vorfeld

Nicht-designierte Argumente können immer zusammen mit dem nicht-finiten Vollverb ins Vorfeld gestellt werden, designierte Argumente (z.B. intransitive Subjekte) nur, wenn kein weiteres Argument vorhanden ist. Zusätzliche Bedingung für diese Vorfeldbesetzung mit einer komplexen VP ist die Indefinitheit des (nicht) designierten Arguments und das Vorhandensein von Elementen rechts vom finiten Verb. (Je schwerer das Mittelfeld, umso akzeptabler die Beispiele.)

(26) Ergative Verben (ohne DAT):
    a. ...daß hier noch nie Reisende angekommen sind
    b. [Reisende angekommen] sind hier noch nie

(27) Ergative Verben (mit DAT):
    a. ...daß Dozenten noch nie viele neue Dinge eingefallen sind
    b. [Dozenten eingefallen] sind noch nie viele neue Dinge
    c. [Viele neue Dinge eingefallen] sind Dozenten noch nie

(28) Intransitive Verben (ohne DAT):
    a. ...daß hier noch nie viele Leute gearbeitet haben
    b. [Viele Leute gearbeitet] haben hier noch nie

(29) Intransitive Verben (mit DAT):
    a. ...daß Rednern noch nie viele Leute zugestimmt haben
    b. [Rednern zugestimmt] haben noch nie viele Leute
    c. *[Viele Leute zugestimmt] haben Rednern noch nie

8.5 Bemerkungen zur Auxiliarselektion

Bemerkenswert ist, daß die Auxiliarselektion auf systematische Weise mit der Argumentstruktur zusammenhängt. Es zählt zu den Eigenschaften ergativer Verben (ohne designiertes Argument), als Perfektauxiliar *sein* zu wählen. Es gibt aber auch transitive Verben, die eine nicht-transitive Variante haben, die *sein* wählt. Die Variante mit *sein* ist damit ein ergatives Verb.

(30) a. Die Sonne hat den Schnee geschmolzen
    b. Der Schnee ist geschmolzen

(31) a. Hans hat das Glas zerbrochen
    b. Das Glas ist zerbrochen

(32) a. Er hat mich erschreckt
    b. Ich bin erschrocken

(33) a. Die Hitze hat das Fleisch verdorben
    b. Das Fleisch ist verdorben

Obwohl sich im folgenden Beispiel das Perfektpartizip mit *sein* verbinden läßt, ist dies kein Beispiel für Perfektbildung mit *sein* (vgl. Präsens *Die Suppe kocht gar*), sondern für Zustandspassiv.

(34) a. Der Mann hat die Suppe gekocht
b. Die Suppe *ist/hat eine ganze Stunde gekocht
c. Die Suppe ist/*hat gar gekocht

Es tritt jedoch kein Auxiliarwechsel bei der nicht-transitiven Variante ein, wenn das Reflexivum *sich* auftritt (vgl. dazu Haider 1985:235f.). Tritt ein Reflexivum auf, korreliert das mit dem Vorhandensein eines designierten Arguments (siehe auch Abschnitt 9.3). Da sich ergative Verben dadurch auszeichnen, daß sie eben kein designiertes Argument aufweisen, kann es sich bei den agenslosen Varianten mit *sich* in den folgenden Beispielen nicht um ergative Verben handeln, was auch dadurch unterstützt wird, daß *haben* und nicht *sein* auftritt.

(35) a. Er *hat* den Stab gebogen
b. Der Stab *hat sich* gebogen

(36) a. Er *hat* die Tür geöffnet
b. Die Tür *hat sich* geöffnet

Abschließend kann das Kriterium für die Auxiliarwahl wie folgt festgesetzt werden:

1. Verben **mit** designiertem externem Argument selegieren *haben*
2. Verben **ohne** designiertes externes Argument selegieren *sein*

9. Pronomina

> **Übersicht**
> - Pronominaltypen
> - Grammatische Funktionen von *es*
> - Koreferenz bei nominalen Ausdrücken
> - Das Subjekt in *zu*-Infinitiven

9.1 Pronominaltypen

Nominalphrasen und andere Konstituenten treten nicht nur als Vollformen auf, sie werden in der syntaktischen Struktur oft durch Pronomina repräsentiert. Pronomina stehen nicht, wie man nach dem Namen erwarten könnte, nur für Substantive, sondern für ganze NPs (*er – dieser große Stern*), oder z.B. auch für PPs (*dort – auf dem Bahnhofsturm*). Folgende Pronominaltypen lassen sich unterscheiden:

- Personalpronomina
  ich, (meiner, mir, mich), du, er, ...
- Reflexivpronomina (beziehen sich auf das Subjekt)
  mich, (mir), dich, sich, ...
- Reziprokpronomina (beziehen sich auf das Subjekt)
  einander, sich, ...
- Possessivpronomina
  mein, dein, sein, ...
- Demonstrativpronomina
  dies(er, -e, -es), der, die, das, ...
- Indefinitpronomina
  ein(er, -e, -es), kein, irgendein, alle, jeder, jemand, etwas, nichts, man, ...
- (Pronominal)adverben
  darum, dann, darauf, dahin, danach, dort, seitdem, ...
- Interrogativpronomina
  wer, was, warum, wann, worauf, ...
- Relativpronomina
  d - Relativpronomina: *der, die, dem, ...*
  w - Relativpronomina: *welch(er, -e, -es), ...*

Während Eigennamen und andere nicht-pronominale NPs die Möglichkeit haben, auch auf Personen und Dinge außerhalb des Kontexts zu referieren (und deshalb als **referentielle Ausdrücke** bezeichnet werden), können sich Pronomina nur auf solche Entitäten beziehen, die sich im sprachlichen oder außersprachlichen Kontext befinden. Die Reflexivpronomina und Reziprokpronomina stellen besondere Anforderungen, insofern als sie nur vorkommen können, wenn die Entitäten, auf die sie sich beziehen, im selben Satz auftreten. Das spezifische Verhalten dieser Pronomina erlaubt uns in einem weiteren Schritt, bei der Analyse satzwertiger Infinitive auf das Vorhandensein eines Subjektes zu schließen (siehe 9.4).

Es gibt unter den Pronomina besonders ein Element, das sich unter referentiellen Gesichtspunkten sonderbar verhält. Es handelt sich dabei um das Element *es*, das formal ein Personalpronomen der 3. Person, Singular, Neutrum ist, jedoch oft keine außersprachliche Referenz aufweist. *Es* soll im folgenden Abschnitt hinsichtlich seiner möglichen Verwendungsweisen behandelt werden.

9.2 Funktionen von *es*

Betrachtet man folgende Sätze, die ein *es* in der Vorfeldposition enthalten, unter der Fragestellung, was *es* in jedem einzelnen Fall bedeutet, wird sofort klar, daß es sich nicht immer um das Personalpronomen der 3. Person, Singular, Neutrum handeln kann (siehe auch Pütz (1986)).

(1)   a. *Es* kommt nächstes Jahr in die Schule
        b. *Es* hat letzte Nacht in den Alpen geschneit
        c. *Es* handelt sich dabei um ein Subjekt
        d. *Es* graut ihm vor dir
        e. *Es* wird gelacht
        f. *Es* schwant ihm Böses
        g. *Es* sind heute nur drei Studenten gekommen
        h. *Es* stimmt wohl, daß er den Hund gefüttert hat
        i. *Es* stört ihn, daß die Musik so laut ist

Nur im ersten Satz liegt ein Pronomen mit Referenz vor, in allen anderen Beispielen ist *es* "ein an sich bedeutungsloses Füllwort, da es keine Referenz hat und keine semantisch relevante Satzgliedrolle spielt." (Lenerz 1985:103)

9.2.1 *es* als Pronomen

Was das Auftreten von *es* als Pronomen anbelangt, fällt auf, daß es als Subjekt sowohl im Vorfeld als auch im Mittelfeld stehen kann, als Objekt dagegen nur im Mittelfeld. Als Pronomen für ein Objekt der 3. Pers. Sg. Neutr. in Vorfeldposition kommt nur ein Demonstrativpronomen in Frage.

(2) a. Nächstes Jahr kommt *es* in die Schule (*es* = das Kind)

  b. *Es* kommt nächstes Jahr in die Schule

(3) a. Wir werden *es* zurückgeben müssen (*es* = das Buch)

  b. **Es* werden wir zurückgeben müssen

  c. *Das* werden wir zurückgeben müssen

Pronominales *es* ersetzt außer rein nominalen Elementen zudem:

- einen Satz
  [*Daß er penibel sein würde*], war allen klar, aber wir wollten [*es*] nicht glauben
- Prädikative
  Die Tasche ist [*elegant*], und die Schuhe sind [*es*] auch
- eine VP
  Jemand muß [*die Blumen gießen*], wenn Fritz [*es*] nicht selbst tut

Im folgenden beschäftigen wir uns nur mit den Fällen, in denen *es* keine anderen Elemente ersetzt oder wiederaufgreift.

9.2.2 *es* als Platzhalter im Vorfeld

In normalen Aussagesätzen und Konstituentenfragen (Verb-Zweit-Sätze) ist die Vorfeldposition obligatorisch besetzt. Eine Form von *es* hat die Funktion eines reinen Platzhalters im Vorfeld und kann daher nicht im Mittelfeld vorkommen. Dies zeigt sich, wenn man die Beispielsätze so umformt, daß dabei die Besetzung der Vorfeldposition ausgeschlossen ist, z.B. in durch Satzkonjunktionen eingeleiteten Nebensätzen (vgl. die folgenden Beispiele mit (1)).[1]

(4) a. ...weil *es* nächstes Jahr in die Schule kommt

  b. ...weil *es* letzte Nacht in den Alpen geschneit hat

---

1 Wenn in einem Beispielsatz ein Element in runden Klammern vorkommt, heißt das, daß der Satz sowohl mit dem Element als auch ohne das Element wohlgeformt ist. Steht innerhalb der Klammer z.B. ein '*', so heißt das, der Satz ist wohlgeformt, wenn das Element fehlt und ungrammatisch, wenn es auftritt. Steht z.B. ein '*' außerhalb der Klammer, so bedeutet dies, daß der Satz wohlgeformt ist, wenn das Element auftritt und ungrammatisch, wenn es fehlt.

    c. ...weil *es* sich dabei um ein Subjekt handelt
    d. ...weil (*es*) ihm vor dir graut
    e. ...weil (*es) gelacht wird
    f. ...weil (*es) ihm Böses schwant
    g. ...weil (*es) heute nur drei Studenten gekommen sind
    h. ...weil ?(*es*) wohl stimmt, daß er den Hund gefüttert hat
    i. ...weil (*es*) ihn stört, daß die Musik so laut ist

In allen Fällen, in denen bei Umformung *es* getilgt werden muß, ist *es* im Vorfeld ein Platzhalter (4e–g). Sind alle syntaktischen Funktionen im Verb-Zweit-Satz bereits realisiert, muß in der Vorfeldposition ein Element ohne semantischen Gehalt auftreten. Wichtiges Erkennungsmerkmal für das Platzhalter-*es* ist, daß nicht *es* mit dem finiten Verb kongruiert, sondern das eigentliche Subjekt, *nur drei Studenten*:

(5)   a. Es [*sind*] heute [*nur drei Studenten*] gekommen
          b. *[*Es*] [*ist*] heute nur drei Studenten gekommen

Sofern Sätze mit Platzhalter-*es* in Englische übersetzt werden können, muß *es* mit *there* übersetzt werden. Den anderen drei *es*-Typen entspricht dagegen *it*.

9.2.3 *es* als Korrelat

Wie in (1f, g) gibt es auch in (1h, i), wiederholt als (6a, b), ein eigentliches Subjekt. Der Unterschied ist, daß dies in (6a, b) ein Satz ist. In diesem Fall kann *es* nicht nur im Vorfeld, sondern auch im Mittelfeld auftreten, (6c, d). Dieses *es*, das als Korrelat für den eingebetteten Satz fungiert, kann nur dann nicht auftreten, wenn der eingebettete Satz im Vorfeld steht, (6e, f).

(6)   a. *Es* stimmt wohl, daß er den Hund gefüttert hat
          b. *Es* stört ihn, daß die Musik so laut ist

          c. ...weil ?(*es*) wohl stimmt, daß er den Hund gefüttert hat
          d. ...weil (*es*) ihn stört, daß die Musik so laut ist

          e. Daß er den Hund gefüttert hat, stimmt (*es) nicht
          f. Daß damit so umgegangen wird, stört (*es) ihn

es kann auch als Korrelat für Objektsätze auftreten. Wie andere Objekt-*es* kann es nicht im Vorfeld stehen, vgl. (7b) mit (3b). Wie andere Korrelat-*es* kann es nicht auftreten, wenn der eingebettete Satz im Vorfeld steht, vgl. (7c) mit (6e, f).

(7)   a. Ich hasse *es*, daß er so spät kommt
      b. **Es* hasse ich, daß er so spät kommt
      c. Daß er so spät kommt, hasse ich (**es*)

9.2.4 *es* als formales Subjekt/Objekt

Wenn man von den Beispielen (1b–e) behauptet, daß dort semantisch kein Subjektausdruck vorliegt, ist damit offensichtlich recht Unterschiedliches gemeint. Das unpersönliche Passiv in (1e), wiederholt als (8a), weist deshalb kein Element im Nominativ auf, weil durch Passivierung das designierte Argument getilgt wurde und es kein weiteres strukturelles Argument gibt. Wie man aus (8b) sehen kann, handelt es sich in (8a) um einen Platzhalter im Vorfeld.

(8)   a. *Es* wird gelacht
      b. ...weil (**es*) gelacht wird

'Wetterverben' (1b), *Es hat letzte Nacht in den Alpen geschneit*, scheinen ebenfalls kein erkennbares Subjekt aufzuweisen, es gibt in der Argumentstruktur kein Agens oder sonstiges Argument, das schneit, blitzt oder donnert. Bei diesen unpersönlichen Verben wurde das Subjektsargument jedoch nicht durch Passivierung getilgt. *Es* denotiert hier ein Argument, das keinen referentiellen Gehalt besitzt. Ähnliches gilt auch für Verben des körperlichen Empfindens, bei denen das einzige Argument nicht im Nominativ auftritt, sondern im Akkusativ *weil (es) mich friert* oder Dativ *weil (es) ihm vor dir graut*, sowie für unpersönliche Fügungen wie *es gibt ..., es handelt sich ...*

Bei Verben wie *klopfen, läuten, rascheln, ...* kann *es* alternativ zu einem sonst vorhandenen Subjektsargument auftreten (*Es/Peter klopft, läutet, raschelt*). In diesen Fällen hat *es* keinen semantischen Gehalt, obwohl es aufgrund der Argumentstruktur möglich wäre, ein Subjektsargument mit referentiellem Gehalt zu realisieren. Der Urheber des vom Verb beschriebenen Vorgangs wird als unbekannt angenommen.

Es kann nicht nur formales Subjekt, sondern auch formales Objekt sein. Wie andere Objekt-*es* kann es nicht im Vorfeld stehen.

(9)   a. Ich habe *es* eilig
      b. **Es* habe ich eilig
      c. Er hat *es* nicht weit gebracht
      d. **Es* hat er nicht weit gebracht

In Medialkonstruktionen wie in (10) tritt ein *sich* auf. Wenn kein anderes Element vorhanden ist, auf welches sich *sich* beziehen kann, so muß ein *es* als formales Subjekt auftreten.

(10) a. Der Wagen verkauft sich gut
      b. Hier lebt *es* sich gut

Zum Abschluß werden die verschiedenen Formen von *es* in der folgenden Tabelle zusammengefaßt:

Typen von Subjekts-*es*	ersetzt NP / VP ...	vereinbar mit Finitum im Plural	kann im MF auftreten	bezieht sich auf Nebensatz
1. Pronomen	+	–	+	–
2. Platzhalter	–	+	–	–
3. Korrelat	–	–	+	+
4. Formales Subj.	–	–	+	–

9.3 Koreferenz nominaler Ausdrücke

In den einführenden Passagen zu diesem Kapitel wurde bereits angedeutet, daß referentielle Ausdrücke, Personalpronomina und Reflexivpronomina sich recht unterschiedlich verhalten, was ihre Referenz und Interpretation betrifft. Von referentiellen Ausdrücken wurde gesagt, daß sie im Unterschied zu pronominalen Elementen eigenständig auf außersprachliche Objekte referieren und somit von keiner anderen NP referentiell abhängig sind. Die Indizierung in den Beispielen soll die intendierte koreferente Lesart repräsentieren, Ausdrücke, die denselben Index tragen, beziehen sich auf dieselben Personen oder Objekte.

9.3.1 Referentielle Ausdrücke

In keinem der folgenden Beispiele können sich *sie* und *Maria* auf dieselbe Person beziehen:

(11) a. Sie$_i$ hat *Maria$_i$ dem Gast vorgestellt
      b. Sie$_i$ hat *Maria$_i$ ein Buch gekauft
      c. Sie$_i$ ruft *Marias$_i$ Schwester täglich an
      d. Sie$_i$ hat ihm erklärt, daß *Maria$_i$ heute keine Zeit hätte

Die Beispiele zeigen, daß ein referentieller Ausdruck wie *Maria* nicht nur unabhängig von anderen nominalen Elementen eigene Referenz aufweist, er darf zudem überhaupt nicht abhängig von einem anderen nominalen Ausdruck interpretiert werden. Diese Bedingung gilt sowohl für eine koreferente Interpretation innerhalb eines Satzes, als auch für die koreferente Lesart eines referentiellen Ausdrucks, der sich in einem eingebetteten Satz befindet. Erzwingt man die koreferente Lesart, wie sie durch die Indizierung angedeutet wird, führt dies zu ungrammatischen Ergebnissen.

9.3.2 Personal- und Possessivpronomina

Um das Verhalten von Personalpronomina unter einer koreferenten Interpretation zu testen, formen wir die Sätze so um, daß anstelle von *Maria* ein Pronomen erscheint.

(12) a. Sie$_i$ hat **sie$_i$ dem Gast vorgestellt
      b. Sie$_i$ hat **ihr$_i$ ein Buch gekauft
      c. Sie$_i$ ruft *ihre*$_i$ Schwester täglich an
      d. Sie$_i$ hat ihm erklärt, daß *sie*$_i$ heute keine Zeit hätte

Pronominale Elemente scheinen sich ähnlich zu verhalten wie referentielle Ausdrücke. Innerhalb desselben Satzes kann ein Pronomen nicht koreferent mit einer anderen NP interpretiert werden. Möglich wird die koreferente Lesart dann, wenn sich das Antezedens (die vorangehende koreferente NP) des koindizierten Pronomens im übergeordneten Satz befindet, womit sich als Bedingung für die koreferente Lesart von Pronomina ergibt, daß sich das Pronomen und sein Antezedens nicht im selben Satz befinden dürfen.

Beispiel (12c) scheint dem zu widersprechen, denn offensichtlich liegt ein einfacher Satz vor, in dem sich ein mit dem Subjekt koindiziertes Pronomen im Mittelfeld befindet. Eine Erklärung für die mögliche koreferente Lesart ergibt sich dann, wenn man die relevante Konstituente nicht nur auf den Satz beschränkt, sondern das Konzept der Subjekthaltigkeit berücksichtigt. Wie Sätze können auch NPs ein Subjekt haben und zwar das Possessiv.

(13) a. Er/Helmut glaubt an den technischen Fortschritt
      b. [Sein/Helmuts] Glaube an den technischen Fortschritt

Damit befindet sich in (12c) das Pronomen in einer subjekthaltigen Phrase, aber sein Antezedens befindet sich außerhalb dieser Phrase, in dem übergeordneten Satz, womit die koreferente Lesart möglich wird. Dies ist eine völlig parallele Situation zu (12d): Hier befinden sich die zwei koreferenten NPs auch nicht in derselben subjekthaltigen Phrase; das Pronomen ist im Nebensatz, sein Antezedens dagegen im Matrixsatz.

9.3.3 Reflexiva

Da referentielle Ausdrücke wie *Maria, das Haus, die dicke Frau* kein Antezedens haben dürfen, Pronomina zwar ein Antezedens haben dürfen, aber nicht in derselben subjekthaltigen Phrase, muß, um Koreferenz zwischen NPs auszudrücken, eine andere Lösung gefunden werden. Mit Reflexiv- und Reziprokpronomina haben wir eine solche Möglichkeit. Es ist nicht nur der Fall, daß sie ein Antezedens haben können, sondern eines haben müssen, und dieses muß direkt in derselben subjekthaltigen Phrase auftreten.

(14)   a. Maria$_i$ hat sich$_i$/*sie$_i$ erholt
         b. Maria$_i$ hat sich$_i$/sie$_j$ gewaschen
         c. Der Wagen$_i$ verkauft sich$_i$/*ihn$_i$ gut
         d. Marias$_i$ Stolz auf sich$_i$ kennt keine Grenzen
         e. *Maria$_i$ hat ihm erklärt, daß sich$_i$ heute keine Zeit hätte
         f. *Heute hat sich gewaschen
         g. *Einander wurde vorgestellt

Lexikalisches *sich* (von bestimmten Verben gefordert) (14a), anaphorisches *sich* (durch andere NP ersetzbar) (14b), und mediales *sich* (passivähnliche Interpretation) (14c) unterscheiden sich syntaktisch unter anderem hinsichtlich Passivierbarkeit, Topikalisierung, Koordination und Fragesatzbildung, vgl. Haider (1985), Reis (1976). Trotz dieser Unterschiede ist bei allen die Abhängigkeit von einem Subjekt als Bezugselement zu beobachten.

Daß ein Reflexivum von einem Bezugselement in seiner subjekthaltigen Phrase abhängig ist, gilt wiederum nicht nur für die Kategorie Satz, sondern auch für Nominalphrasen. Tritt in einer Nominalphrase ein Reflexivum auf, muß es sich auf das erste Subjekt beziehen. Dieses Subjekt kann in der Nominalphrase selbst auftreten, fehlt es dort, kann sich das Reflexivum nur auf das Subjekt des Satzes beziehen.

(15)   a. Maria$_i$ hat [den Stolz auf sich$_i$] nie verloren
         b. Maria$_i$ hat [Peters$_j$ Stolz auf sich$_{j/*i}$] nie verstanden

Reflexivierung über den Bereich des Satzes hinaus, in dem sich das Reflexivum befindet, ist nicht möglich. Generell gilt, daß ein Reflexivum ein Antezedens in der subjekthaltigen Phrase benötigt, in der es sich befindet, und dieses Antezedens muß das Subjekt dieser Phrase sein.

Reflexivum und Antezedens müssen in Person und Numerus kongruieren:

(16)   a. *Wir sollten *sich* aus dieser Sache heraushalten
         b. Wir sollten *uns* aus dieser Sache heraushalten

9.4 Das Subjekt in *zu*-Infinitiven

Was im letzten Abschnitt über Reflexiva gesagt wurde, scheint durch folgenden Beispielsatz, in dem ein Reflexivum in einem erweiterten Infinitiv mit *zu* auftritt, wieder in Frage gestellt zu werden.

(17)   [Sich damit beschäftigen zu müssen] ist anstrengend

Es ist weder ein Subjekt noch sonst ein Element vorhanden, das als Bezugselement für das Reflexivum fungieren könnte, und trotzdem ist der Satz wohlgeformt. Man muß also annehmen, daß in irgendeiner Form ein Subjekt als Antezedens vorhanden ist.

Wenn also in *zu*-Infinitiven ein Subjekt vorhanden ist, kann es sich nur um ein lexikalisch leeres Element handeln. Daß kein Subjektsargument lexikalisch realisiert werden kann, erklärt sich daraus, daß der Infinitiv keine Finitheitsmerkmale aufweist. Gerade für die Zuweisung des Nominativs hatten wir ja die Finitheit des Satzes und die damit verbundene Markierung des Verbs gefordert. Das Subjekt des *zu*-Infinitivs läßt sich zwar semantisch interpretieren, mangels Kasuszuweisung kann es jedoch nicht auftreten. Für dieses Leersubjekt wird in der Literatur die Bezeichnung **PRO** verwendet, im Gegensatz zu **pro**, das sich als Bezeichnung für das leere Subjekt finiter Sätze in **Nullsubjekt-Sprachen** (z.B. Italienisch: [pro] *ha mangiato una mela* – '[Er/Sie] hat einen Apfel gegessen') eingebürgert hat.

Das Leersubjekt im *zu*-Infinitiv kann über ein koreferentes Element im Matrixsatz interpretiert werden. Für die Beziehung, die zwischen Leersubjekt und koreferent interpretiertem Element aus dem Matrixsatz besteht, verwendet man die Bezeichnung Kontrolle. Man unterscheidet:

• Subjektkontrolle

(18)   a. Maria$_i$ hatte ihm versprochen, [PRO$_i$ heute den Rasen zu mähen]
        b. Maria$_i$ ist gegangen, [ohne PRO$_i$ mit mir geredet zu haben]

• Objektkontrolle

(19)   Man hatte Maria$_i$ gebeten, [PRO$_i$ heute den Rasen zu mähen]

• Subjekt- oder Objektkontrolle

(20)   Maria$_i$ schlug Paula$_j$ vor, [PRO$_{i/j}$ heute den Rasen zu mähen]

• Arbiträre Kontrolle

(21)   a. [PRO den Rasen zu mähen] ist gefährlich
        b. Es ist gefährlich, [PRO den Rasen zu mähen]

Wenn weder Subjekt- noch Objektkontrolle vorliegt, spricht man von arbiträrer Kontrolle, weil sich PRO auf jedes beliebige Element bezieht (wer auch immer den Rasen in (21) mäht, lebt gefährlich). Arbiträre Kontrolle ist nur möglich, wenn der Infinitivsatz selbst Subjekt ist.

Übungen

Hier finden Sie diverse Übungen. Bei den Analyseaufgaben ist zum Teil zur jeweils ersten eine Musterlösung angegeben, die übrigen Aufgaben können in gleicher Weise gelöst werden. Welcher Aufgabenteil nach der Lektüre welches Kapitels gelöst werden kann, ist jeweils angegeben.

1. Weisen Sie anhand von mindestens drei Konstituententests (Kapitel 2) nach, daß die geklammerten Ausdrücke in folgenden Beispielen zusammen keine Konstituente bilden, obwohl es beim ersten Beispiel (Tilgungstest) so aussehen könnte.

    (a) Gestern habe ich im Hof [eine Stunde lang ein neues] Auto angesehen
    [Eine Stunde lang ein neues] habe ich gestern im Hof Auto gesehen
    Gestern habe ich im Hof [es] Auto gesehen
    [Was] habe ich gestern im Hof Auto gesehen

    (b) Neulich haben im Hof [den ganzen Tag vier fröhliche] Kinder gespielt

    (c) Neulich hat im Hof [den ganzen Tag ein fröhliches] Kind gespielt

2. Zeigen Sie mit Hilfe geeigneter Tests, daß im folgenden Satz eine diskontinuierliche Konstituente (Kapitel 2) vorliegt.

    Möglichkeiten wird es viele geben, die zum Ziel führen

3. Kennzeichnen Sie die möglichen Konstituentenstrukturen der substantivischen und präpositionalen Ausdrücke im nächsten Beispiel durch Klammerung, und weisen Sie durch einen geeigneten Test nach, daß es sich tatsächlich um mögliche Konstituenten handelt (Kapitel 2, 3).

    ...weil ein Bekannter von Fritz aus Frankfurt einen Brief erhalten hat

4. Ermitteln Sie die syntaktischen Funktionen sowohl des Gesamtsatzes als auch des eingebetteten Teilsatzes (Kapitel 4).

    Wer für den entstandenen Schaden verantwortlich ist, konnte auch nach langen Verhandlungen mit allen Beteiligten nicht geklärt werden.

5. Bestimmen Sie das Subjekt in den folgenden Sätzen (Kapitel 2, 4).

(a) Fährt <u>der Zug</u> um 7 Uhr 30 fahrplanmäßig nach Paris?

(b) Der Zug nach Paris fährt fahrplanmäßig um 7 Uhr 30

(c) Fährt der Zug fahrplanmäßig nach Paris um 7 Uhr 30?

(d) Der Zug fährt fahrplanmäßig nach Paris um 7 Uhr 30

(e) Fährt der Zug nach Paris fahrplanmäßig um 7 Uhr 30?

(f) Der Zug um 7 Uhr 30 fährt fahrplanmäßig nach Paris

6. Bestimmen Sie die Konstituenten (Kapitel 2), Wortarten (Kapitel 3), Phrasenkategorien (Kapitel 3), Satzfunktionen (Kapitel 4) und Satzfelder (Kapitel 5) in den folgenden Sätzen.
Kennzeichnen Sie den Kopf der Phrase jeweils durch Unterstreichung. Bsp: [mein kleiner grüner <u>Kaktus</u>] → NP. Achten Sie auch auf diskontinuierliche Konstituenten und strukturelle Ambiguitäten (Kapitel 2).

(a) Er hat den Mann im Schlafanzug begrüßt.
Subjekt: NP *Er* / Pron., Nom., mask., Sg., 3. Pers.
Verb: *hat... begrüßt*, 3. Pers., Sg., Perfekt
direktes Objekt: NP *den Mann*, Akk., mask., Sg., definit
PP: (Lokaladverbial) *im Schlafanzug* (PP), (interne NP *dem Schlafanzug*: mask., Sg., definit, Da.t).
Ambige Konstruktion! Möglich sind die Interpretationen:
NP: *den Mann* (Objekt)
PP: *im Schlafanzug* (Lokaladverb)
ODER
NP: *den Mann im Schlafanzug* (Objekt)
PP: *im Schlafanzug* (Lokalattribut)
Vorfeld : *Er*
linke Klammer : *hat*
Mittelfeld : *den Mann im Schlafanzug*
rechte Klammer : *begrüßt*
Nachfeld : ∅

(b) Hier in dieser Stadt hat Paul heute das große Buch seiner Freundin feierlich überreicht.

(c) Regine hat die Frau mit dem Fernglas gesehen.

(d) Daß Fritz gelacht hat, bewirkte, daß Paul ging.

(e) Obwohl der Himmel grau war, hatte doch keiner damit gerechnet, daß es regnen würde.

(f) Von den Besuchern hat keiner geglaubt, der gestern angekommen ist, daß das Hotel abgerissen werden sollte.

(g) Heute können den Fahrgästen moderne Automaten an allen größeren Bahnhöfen das Lösen von Fahrkarten erleichtern.

(h) Gestern habe ich meine Tasche vergessen im Zug von Stuttgart nach Ulm.

(i) Wer sich für den Regionalverkehr entscheidet, wird die unterschiedlichsten Möglichkeiten haben, günstiger zu fahren.

(j) Peter und Regine sagten, sie haben nie versprochen, daß sie nur mit dem Fahrrad zur Uni fahren würden.

(k) Es haben sich viele Studenten eingetragen auf den Listen.

(l) Daß er das Rennen gewonnen hat, hat er noch gar nicht richtig begriffen.

(m) Es überraschte die Eltern des Kindes, daß es nicht schlafen wollte.

(n) Den ganzen Tag hat es heute so richtig gegossen.

(o) Den ganzen Tag hat er heute so richtig genossen.

(p) Es paßt ihm nicht, daß es scheint, daß es regnen wird.

(q) Richtig gemocht hat er Chopin noch nie.

(r) Es war richtig, daß er das Angebot rundweg abgelehnt hat.

(s) Hätte er doch nur nicht versucht, diesen Berg zu besteigen!

(t) Er sieht seine Besucher schon von weitem kommen.

(u) Maria, der das schon oft gelungen ist, hat auch heute wieder in der Stadt den ersten Preis ganz leicht gewonnen.

(v) Obwohl es ihm heute nicht gut ging, ist der alte Lehrer zum Unterricht erschienen, der schon seit 30 Jahren hier arbeitet.

(w) Ich habe ihm gesagt, daß der Zug fast immer zu spät kommt, der um 12.15 Uhr abfahren sollte.

(x) Lieder haben sie heute keine schönen gesungen, was mich nicht wundert.

(y) Vielleicht hing es mit seinem hochverehrten Lehrer zusammen, der einer angesehenen jüdischen Bankiersfamilie entstammte, daß Professor Frei nicht die geringste Animosität gegen Juden verspüren ließ. (E. Canetti, Fackel im Ohr)

7. Erläutern Sie die Unterschiede zwischen Präpositionalobjekten und solchen PPs, die als adverbiale Ergänzungen oder adverbiale Angaben auftreten. Veranschaulichen Sie die drei unterschiedlichen syntaktischen Funktionen, in denen PPs auftreten können, durch selbstgewählte Beispiele (Kapitel 3).

8. Bestimmen Sie die Funktionen der Präpositionalphrasen in den folgenden Sätzen (Kapitel 3)

   (a) Er hat den Nagel *mit dem Hammer* eingeschlagen
       Modaladverbial, Instrument

   (b) Man sollte das Auto *in die Garage* stellen

   (c) Sie hat sich furchtbar *über ihn* aufgeregt

   (d) Er bezieht sich *auf das neue Buch von Chomsky*

   (e) *Von Chomsky* hat er noch kein Buch gelesen

   (f) Er arbeitet *im Garten* gerne *mit der Sense*

9. Erläutern Sie die Unterschiede zwischen Modus und Modalität anhand selbstgewählter Beispiele (Kapitel 7).

10. Ordnen Sie den markierten Verbformen die Tempusmerkmale ±Präteritum, ±Perfekt und ±Futur zu (Kapitel 7).

    (a) Hans *kommt*
        – Präteritum, – Perfekt, – Futur

    (b) Hans *hat* den Nagel in die Wand *geschlagen*

    (c) Hans *würde* das Buch bis Montag *gelesen haben*

    (d) Hans *fiel* in den Teich

    (e) Hans *hatte* das Tor *getroffen*

    (f) Hans *würde* das Auto *kaufen*

    (g) Hans *wird* übermorgen *ankommen*

    (h) Hans *wird* die Straße *überquert haben*

11. Geben Sie an, was die phrasale Kategorie VP in den folgenden Sätzen umfaßt (es kann mehr als eine VP geben), und welche Funktion die Argumente der jeweiligen VPs in bezug auf ihren Kopf haben (Abschnitt 3.3).

Übungen   121

(a) daß Hans versucht, den Wagen zu reparieren.
Zu unterscheiden sind Verbalphrasen, die Matrixverben aufspannen, von Verbalphrasen, die als Komplemente in einer übergeordneten Verbalphrase auftreten.

a1) daß [VP1 Hans versucht [VP2 den Wagen zu reparieren]]
a2) daß [VP1 Hans [VP2 den Wagen zu reparieren] versucht]

Der satzwertige Infinitiv als Komplement des Matrixverbs kann sowohl im Nachfeld als auch im Mittelfeld auftreten.

versuchen	Kopf von VP1
reparieren	Kopf von VP2
Hans	Subjekt von *versuchen*
den Wagen zu reparieren	Objekt/Infinitivkomplement von *versuchen*
den Wagen	direktes Objekt/Akkusativobjekt von *reparieren*

(b) daß Hans der Frau versucht, einen Staubsauger anzudrehen.

(c) Zu entziffern gelungen ist ihm der Brief bis jetzt noch nicht.

12. Geben Sie die Wortarten (Abschnitt 3.2) (ggf. mit Kasus, Numerus, Genus, Tempus, Person) der fettgedruckten Wörter an, die Sie in den folgenden Wortgruppen finden. (Bedenken Sie, daß es sich dabei nicht notwendigerweise um komplette Phrasen handeln muß. Die Kleinschreibung ist beabsichtigt.)
geben; das **geben**; das **geben** lassen; sie das **geben** lassen; sie lassen das **geben**; lassen sie das **geben**; daß sie das **geben**; daß sie das **geben** lassen; **schön**; **schön** gehen; sie gehen **schön**; **schön** gehen sie; sie kommen zerzaust und gehen **schön**; **schöne** leute kommen; das **schöne** gehen; das **schöne** geht.
geben; Nomen, Neutrum, Singular, Nominativ, Dativ, oder Akkusativ; **oder** Verb, Infinitiv, Imperativ (Plural 3. Person), Konjunktiv (Präsens, 1. oder 3. Person Plural), Indikativ (Präsens, 1. oder 3. Person Plural).

13. Geben Sie anhand von eigenen Beispielen an, wie die lexikalischen Kategorien 'Adjektiv' und 'Adverb' voneinander unterschieden werden können. Problematisieren Sie die Unterscheidung zwischen 'adverbialer Verwendung von Adjektiven' und 'Adverbien' (Abschnitt 3.2).

14. Bestimmen Sie in den folgenden Beispielsätzen die durch Hervorhebung gekennzeichneten eingebetteten Satzkonstituenten nach Funktion und Satzart (Kapitel 4).

(a) Gegessen wird, *was auf den Tisch kommt*
   (Passiv-)Subjekt, freier Relativsatz

(b) Wie heißt das Gericht, *welches heute serviert wurde*

(c) Uneinigkeit bestand darüber, *wie die Gans zuzubereiten sei*

(d) Ein Grappa, *worauf viele als Digestif schwören*, würde die Verdauung erleichtern

(e) Der Lachs wurde von allen gelobt, *was den Koch ganz besonders freute*

(f) Mutter hatte wieder verlangt, *daß brav aufgegessen wird*

(g) Man hat seinen Vorschlag, *das Dessert einfach wegzulassen*, empört abgelehnt.

15. Analysieren Sie die folgenden Sätze nach dem topologischen Feldermodell. Achten Sie bei komplexen Sätzen auf die Einbettungsverhältnisse und darauf, daß jeder Teilsatz ebenfalls nach dem Felderschema aufgebaut ist. Tragen Sie Ihre Ergebnisse in eine Tabelle nach folgendem Schema ein (Kapitel 5).

   VVF: ....
   VF: ....
   LK: ....
   MF: ....
   RK: ....
   NF: ....

   (a) Den Hund hat der Max heute gefüttert
       VF: Den Hund
       LK: hat
       MF: der Max heute
       RK: gefüttert

   (b) Darf gelacht werden?

   (c) Auf den Max, auf den ist kein Verlaß

   (d) ... weil keiner auf den kleinen Kerl geachtet hat

   (e) Es haben sich viele Studenten eingetragen auf den Listen

   (f) Den Hund füttern zu müssen hat uns nichts ausgemacht

   (g) Wer sich für den Regionalverkehr entscheidet, wird die unterschiedlichsten Möglichkeiten haben, günstiger zu fahren

Übungen 123

16. Geben Sie an, wieviele und welche Typen von Konstituenten in den einzelnen Feldern des topologischen Modells (VF, LK, MF, RK und NF) auftreten können, und welche Beschränkungen für die Besetzung der einzelnen Felder mit bestimmten Kategorien vorliegen (Kapitel 5). Zum Beispiel: *Die Besetzung des VF ist nicht mehr möglich, wenn in LK eine satzeinleitende Konjunktion steht.*

17. Geben Sie anhand von selbstgebauten Beispielen an, wie 'transitive' Verben von 'intransitiven' und von 'ergativen' Verben unterschieden werden können. (Kapitel 8) Vergegenwärtigen Sie sich die Tests.

18. Zustandspassiv oder Perfekt bei ergativen Verben? Weisen Sie anhand der Kriterien für die Klassifikation ergativer Verben nach, welche Verben in den folgenden Beispielen ergativ sind (Kapitel 8) und welche nicht.

    (a) Der Schnee ist geschmolzen
    ergatives Verb: der geschmolzene Schnee ... (attribuiertes Perfektpartizip), der Schnee schmilzt (Perfektbildung mit *sein*), der Schnee ist *zu Wasser* geschmolzen (Resultativprädikation)

    (b) Das Kind ist eingeschlafen

    (c) Die Straße ist gesperrt

    (d) Die Veranstaltung ist ausgefallen

    (e) Die letzte Runde ist eingeläutet

19. Zeigen Sie, daß *denn* nur im Konjunktionalfeld auftreten kann und nicht in der linken Satzklammer, und zeigen Sie, daß *weil* in der linken Satzklammer auftreten kann. Verwenden Sie dazu verschiedene mögliche Übersetzungen des folgenden englischen Satzes (Kapitel 5) und geben Sie (mit Beispielsätzen) weitere Konjunktionen an, die nur im Konjunktionalfeld auftreten können oder aber welche, die nur in der linken Satzklammer stehen können. Peter couldn't answer the question because he hadn't read the book.

20. Welche Elemente müßten wohin bewegt worden sein, um die folgenden Sätze zu erhalten, wenn man davon ausgeht, daß die Grundabfolge im Deutschen Komplement – Verb ist? Welche Bewegungen müßten bei der umgekehrten Abfolge Verb – Komplement stattgefunden haben? (Kapitel 3)

    (a) ...daß Eva den Film sah
    Komplement – Verb: keine Bewegung
    Verb – Komplement: finites Verb nach rechts

(b) ...daß Eva den Film sehen wird

(c) ...daß Eva den Film gesehen hat

(d) Eva sah den Film

(e) Eva wird den Film sehen

(f) Eva hat den Film gesehen

(g) Eva kann den Film sehen

(h) Eva wird den Film sehen können

(i) Eva hat den Film sehen können

(j) Eva nimmt den Hörer ab

(k) Eva hat den Hörer abgenommen

(l) Eva hat den Hörer abnehmen können

21. Was ist der Ersatzinfinitiv (IPP), wann tritt er auf, welche Regularitäten sind dabei zu beachten? Beschreiben Sie den IPP im Rahmen der Terminologie zur Statusrektion (Kapitel 6).

22. Unter welchen Bedingungen wird Nominativ-Kasus an ein Verbargument zugewiesen? Gehen Sie besonders darauf ein, warum in satzwertigen Infinitiven kein Argument im Nominativ erscheinen kann (Kapitel 8).

23. Vergleichen Sie das *werden*-Passiv mit dem sogenannten Rezipientenpassiv mit *kriegen*. Erläutern Sie die Unterschiede (Kapitel 8).

24. Zeigen Sie die verschiedenen Verwendungsweisen von *es* anhand selbstgewählter Beispiele auf (Abschnitt 9.2).

Literaturverzeichnis

Abraham, Werner (1995), *Deutsche Syntax im Sprachvergleich.* Studien zur deutschen Grammatik 41, Tübingen, Stauffenburg.
Admoni, Wladimir (1982), *Der deutsche Sprachbau.* 4. überarbeitete und erweiterte Auflage, München.
Bech, Gunnar (1983), *Studien über das deutsche verbum infinitum.* 2. unveränderte Auflage, Tübingen, Narr (zuerst erschienen 1955/57 Kopenhagen, Munksgaard).
Brandt, Margareta / Reis, Marga / Rosengren, Inger und Zimmermann, Ilse (1992), *Satztyp, Satzmodus und Illokution.* In: Rosengren, Inger (Hrsg.): *Satz und Illokution.* Band 1, Seite 1–90, Linguistische Arbeiten 278, Tübingen, Niemeyer.
Burzio, Luigi (1986), *Italian Syntax: A Government-Binding Approach.* Dordrecht, Reidel.
Bußmann, Hadumod (Hrsg.) (1990²), *Lexikon der Sprachwissenschaft.* Stuttgart, Kröner.
Chomsky, Noam (1965), *Aspects of a Theory of Syntax.* Cambridge, Mass., MIT Press.
Chomsky, Noam (1981), *Lectures on Government and Binding: The Pisa Lectures.* Dordrecht, Foris.
Chomsky, Noam (1986), *Knowlegde of Language – its Nature, Origin and Use.* London, Praeger.
Drosdowski, Günther (Hrsg.) (1984), *Grammatik der deutschen Gegenwartssprache.* Duden 4, Mannheim, Dudenverlag.
Eisenberg, Peter (1993⁴), *Grundriß der deutschen Grammatik.* Stuttgart, Metzler.
Fleischer, Wolfgang und Barz, Irmhild (1992), *Wortbildung der deutschen Gegenwartssprache.* Tübingen, Niemeyer.
Fox, Anthony (1990), *The Structure of German.* Oxford, Oxford University Press.
Glinz, Hans (1952), *Die innere Form des Deutschen.* Bern
Grewendorf, Günther (1989), *Ergativity in German.* Dordrecht, Foris.
Grewendorf, Günther / Hamm, Fritz und Sternefeld, Wolfgang (1993), *Sprachliches Wissen.* Frankfurt, Suhrkamp.
Haider, Hubert (1985), *Über sein oder nicht sein: Zur Grammatik des Pronomens sich.* In: Abraham, Werner (Hrsg.): *Erklärende Syntax des Deutschen.* Seite 223–254, Tübingen, Stauffenburg.
Haider, Hubert (1993), *Deutsche Syntax – Generativ.* Tübingen, Narr.
Heidolph, Karl Erich / Flämig, Walter und Motsch, Wolfgang (Hrsg.) (1981), *Grundzüge einer deutschen Grammatik.* Berlin, Akademie Verlag.
Heilmann, Axel (1988), *Syntaktische Korrelate der Argumentstruktur – Ergative Verben im Deutschen.* M.A.-Arbeit, Universität Stuttgart.
Helbig, Gerhard (1991), *Deutsche Grammatik, Grundfragen und Abriß.* München, Iudicium.
Helbig, Gerhard und Joachim Buscha (1986), *Deutsche Grammatik; Ein Handbuch für den Ausländerunterricht.* Leipzig, Verlag Enzyklopädie.

Hoberg, Ursula (1981): *Die Wortstellung in der geschriebenen deutschen Gegenwartssprache.* Heutiges Deutsch I/10, München, Hueber.

Höhle, Tilman (1982): *Explikation für ›normale Betonung‹ und ›normale Wortstellung‹.* In: Abraham, Werner (Hrsg.): *Satzglieder im Deutschen. Vorschläge zur syntaktischen, semantischen und pragmatischen Fundierung.* (Studien zur deutschen Grammatik 15), Seite 75–165, Tübingen, Stauffenburg.

Höhle, Tilman (1986), *Der Begriff Mittelfeld. Anmerkungen über die Theorie der Topologischen Felder.* In: Weiss, W. / Wiegand, E. H. und Reis, M. (Hrsg.): *Textlinguistik contra Stilistik / Wortschatz und Wörterbuch / grammatische und pragmatische Organisation der Rede.* Akten des 9. Intern. Germanisten Kongresses, Band 3, Seite 329–340. Tübingen, Niemeyer.

Jackendoff, Ray (1972), *Semantic Interpretation in GenerativeGrammar.* MIT Press, Cambridge, Mass.

Jackendoff, Ray (1977), *X-Syntax: A Study of Phrase Structure.* MIT Press, Cambridge, Mass.

Lenerz, Jürgen (1977), *Zur Abfolge nominaler Satzglieder im Deutschen.* Tübingen, Stauffenburg.

Lenerz, Jürgen (1985), *Zur Theorie syntaktischen Wandels: das expletive* es *in der Geschichte des Deutschen.* In: Abraham, Werner (Hrsg.): *Erklärende Syntax des Deutschen.* Seite 99–136, Tübingen, Narr.

Paul, Hermann (1919), *Deutsche Grammatik.* Bd. III, Teil IV: Syntax, Halle a.S., Niemeyer.

Perlmutter, David M. (1978), *Impersonal Passives and the Unaccusative Hypothesis.* Proceedings of the Berkeley Linguistic Society (BLS) IV, Seite 157–189.

Pütz, Herbert (1986), *Über die Syntax der Pronominalform ›es‹ im modernen Deutsch.* 2. Auflage, Studien zur deutschen Grammatik 3, Tübingen, Stauffenburg.

Reis, Marga (1976), *Reflexivierung in deutschen AcI-Konstruktionen. Ein transformations-grammatisches Dilemma.* Papiere zur Linguistik 9, Seite 5–83.

Reis, Marga (1985), *Satzeinleitende Strukturen im Deutschen. Über COMP, Haupt- und Nebensätze, w-Bewegungen und die Doppelkopfanalyse.* In: Abraham, Werner (Hrsg.): *Erklärende Syntax des Deutschen.* Seite 271–312, Tübingen, Stauffenburg.

Reis, Marga (1987), *Die Stellung der Verbargumente im Deutschen. Stilübungen zum Grammatik – Pragmatik – Verhältnis.* In: Rosengren, Inger (Hrsg.): *Sprache und Pragmatik.* (Lunder germanistische Forschungen 55), Seite 139–177. Stockholm, Almqvist & Wiksell.

Schulz, Dora und Heinz Griesbach (1978), *Grammatik der deutschen Sprache.* München, Hueber.

von Stechow, Arnim und Sternefeld, Wolfgang (1988), *Bausteine syntaktischen Wissens. Ein Lehrbuch der modernen Generativen Grammatik.* Opladen, Westdeutscher Verlag.

Tesnière, Lucien (1959), *Éléments de Syntaxe Structurale.* Paris.

Vikner, Sten (1985), *Reichenbach Revisited: One, two or three Temporal Relations?* In: Acta Linguistica, Hafniensis 19.2, Seite 81–98.

Wegener, Heide (1985) *Der Dativ im heutigen Deutsch.* (Studien zur deutschen Grammatik 28), Tübingen, Stauffenburg.

Weinrich, Harald (1993) *Textgrammatik der deutschen Sprache*. Mannheim, Dudenverlag.
Williams, Edwin (1981), *Argument Structure and Morphology*. The Linguistic Review 1 Seite 81–144.
Wunderlich, Dieter (1988), *Grammatisches Grundwissen*. Cornelsen, Frankfurt a.M.

Index

1. Status 66, 67, 69, 71, 72, 74, 75
2. Status (s. 'zu'-Infinitiv) 66, 67, 69, 74, 75
3. Status 66, 67, 69, 71, 72, 74, 75

A
Abstrakta 22
Accusativus cum Infinitivo (s. AcI)
AcI 97
Adjektiv 19–23, 26, 42, 66, 67
   mit eingeschränkter Verwendung 23
Adjektivattribut (s. Attribut) 22, 27, 42
Adjektivphrase (s. AdjP) 19, 27
AdjP (s. Adjektivphrase) 19, 23, 27
Adjunkt (s. Angabe)
Adverb 20, 21, 23, 27, 39, 40, 43
Adverbattribut 43
Adverbial 19, 23, 39–41, 43, 49
Adverbialbestimmung 39–41
adverbiale Bestimmung (s. Adverbial)
adverbiales Adjektiv (s. Adjektiv)
Adverbialphrase 27
Adverbialsatz 32, 46, 49, 63
Adversativsatz 49, 51
AdvP (s. Adverbialphrase)
Agens 60, 61, 103, 111
Akkusativ (s. struktureller Kasus) 21, 24, 36, 39, 41, 95–98, 101, 111
Akkusativ mit Infinitiv (s. AcI)
Akkusativobjekt 36
Aktiv 22, 36, 38, 96
Ambiguität 17
Anapher (s. Reflexivpronomen)
Angabe 39
Antezedens (s. Bezugselement) 113–115
Antwortpartikel (s. Partikel) 25
Apposition 43
arbiträre Kontrolle 115, 116
Argument 42, 58, 95, 97–105, 111
Argumentreduktion 96

Argumentstruktur 95, 98, 99, 104, 111
Artikel 20–22, 27, 42, 59
Attribut 19, 41, 43, 44
attributiv 22, 23, 27, 44, 101
attributives Adjektiv (s. Adjektivattribut)
Attributsatz (s. Relativsatz) 42, 43, 46, 47
Aufforderungssatz 33, 46
Ausklammerung (s. Nachfeld, Extraposition, Linksversetzung)
Ausrufesatz (s. Exklamativsatz) 33
Aussagesatz 33, 109
Auxiliar 23, 66, 67, 71, 72, 74, 75, 78, 96, 105
Auxiliarselektion 104

B
bekommen-Passiv 38
belebt/unbelebt 62
bestimmter Artikel (s. Artikel)
Bestimmung (s. adberbiale Bestimmung)
Betonung 57, 58, 62
Betrachtzeit 83, 84, 86–91
Bewegung 12, 18, 29, 31
Bewegungsverb (s. ergatives Verb) 102, 103
Bezugselement (s. Antezedens) 41, 48, 64, 66, 114, 115
Bezugskonstituente (s. Bezugselement)

D
daß-Satz 32, 54
Dativ (s. lexikalischer Kasus) 21, 24, 36–39, 96, 97, 100, 111
Dativ der Wertung (s. Dativus judicantis)
Dativ des Besitzes (s. Pertinenzdativ)
Dativ des Nachteils (s. Dativus incommodi)
Dativ des Vorteils (s. Dativus commodi)
Dativkonversion (s. *bekommen*-Passiv)

Dativobjekt (s. indirektes Objekt) 36–38
Dativus (s. freier Dativ)
Dativus commodi 37, 38
Dativus ethicus 37, 38
Dativus incommodi 37, 38
Dativus iudicantis 37, 38
definit 42, 59
definiter Artikel (s. Artikel)
Definitheitsbedingung 59
Deklarativ-Satz (s. Aussagesatz) 33, 45, 81
Deklination 21
Demonstrativpronomen (s. Pronomen) 56, 107, 109
designiertes Argument 98–100, 102–105, 111
deskriptive Grammatik 10
Determinator (s. Artikel)
Dialekt 58
Diathese (s. Genus Verbi)
direktes Objekt 36, 44, 47, 58, 95, 96, 102
Direktionalprädikation 102
diskontinuierliche Konstituente (s. Konstituente)
ditransitiv 28

E
Echofrage 14
Eigenname 22, 42, 108
Eigenschaftswort (s. Adjektiv)
einfacher Satz 32
eingebettete Frage 45, 48, 49, 54
eingebetteter Satz 98, 110
Ellipse (s. Tilgung) 16
elliptisch 16
Endstellung (s. Verbstellung)
Entscheidungsfrage 33, 45
er-Nominalisierung 103
Ereigniszeit 83–91
ergatives Verb 99–105
Ergativität (s. ergatives Verb)
Ergänzung 26, 40
Ergänzungsfrage 33
Ersatzinfinitiv 71–73, 75
Ersetzbarkeit (s. Konstituententests, s. Substitution)

Ersetzungstest (s. Ersetzbarkeit)
Erststellung (s. Verbstellung)
es 107–112
es-Typen 110
Exklamativsatz 33, 37, 46
Externalisierung 97
externe Realisierung 98, 99, 105

F
Feld (s. topologische Felder)
Felderanalyse 53
Feldermodell (s. Felderanalyse)
Feminin 21, 22
Finalbestimmung 40
Finalsatz 49, 51, 82
finit 53, 54, 66, 71, 73, 93, 96, 103, 110
Finitum 12, 36, 70, 72, 96–98
Flexion (s. Konjugation)
Fokus 62, 63
Fokuspartikel 25
formales Objekt 111
formales Subjekt 111, 112
Frage 12, 25, 45, 48, 53, 54
Frage-Antwort-Paar (s. Fokus)
Fragepronomen (s. w-Pronomen)
Fragesatz (s. Interrogativsatz) 33, 45, 114
Fragetest 12, 14
freier Dativ 37, 38
freier Relativsatz 48
Funktion (s. Adverbial, Akkusativobjekt, Attribut, Dativobjekt, Genitivobjekt, Prädikativ, Präpositionalobjekt, Subjekt)
funktional 18, 19, 41
funktionale Merkmale 19
Futur (s. Tempus) 78, 79, 82, 85, 87, 88, 92
Futur II (s. Futur Perfekt) 79
Futur Perfekt 78, 79, 82, 87, 89, 92
Futur Plusquamperfekt 78, 79, 82, 83, 89–92
Futur Präteritum 78, 79, 82, 83, 89, 92

G
Gapping 17
Gegengrund (s. konzessiv)
Gegenwart (s. Tempus)

Genitiv (s. lexikalischer Kasus) 21, 24, 38, 42, 96
Genitivattribut 41, 42
Genitivobjekt 38, 61
Genus (s. Deklination) 21–23, 42, 56, 66
Genus Verbi (s. Aktiv, Passiv, Medialkonstruktion) 22, 23
Gesetz der wachsenden Glieder 59, 60
Gleichheit 50
Gliederungspartikel 26
Gradpartikel 25
Grammatik 9, 10
Grammatikbegriff 9
grammatisch 14, 19, 72
grammatische Konstruktion 14, 66
grammatische Relation (s. Funktion)
Grundabfolge 29–31, 57, 59, 61, 62
Grundstellung (s. Verb-End, s. Verbstellung)

H
haben (s. Auxiliarselektion) 67, 71–74, 101, 105
Hauptsatz (s. Verb-Zweit) 12
Heavy NP-Shift 64
Herausstellung (s. Ausklammerung)
Hilfsverb (s. Auxiliar)
historisches Präsens 84
Homonyme 17

I
Imperativ 22, 78, 80, 92, 93
Imperativsatz 33, 37, 46
indefinit 42, 59, 103
indefiniter Artikel (s. Artikel)
Indefinitpronomen 26, 107
Indikativ 22, 78–81, 83, 88
indirekte Frage (s. eingebettete Frage)
indirektes Objekt 58, 59, 61, 62
Infinitiv 9, 13, 29–31, 43, 46, 66, 71, 74, 75, 93, 98, 108, 115
Infinitivsatz 54, 116
Infinitivus pro Participio (IPP) (s. Ersatzinfinitiv)
Instrumental 50
Instrumentalbestimmung 40

Instrumentalsatz 49
Interjektion 21, 26
Interrogativpronomen 107
Interrogativsatz 33, 45
Intonation (s. Satzakzent)
intransitiv 28, 96, 99–103
IPP (s. Ersatzinfinitiv)
Irrealis 82

J
Ja/Nein-Frage (s. Entscheidungsfrage)
Juxtaposition 43

K
Kasus (s. Akkusativ, Dativ, Deklination, Genitiv, Nominativ) 22, 42, 66
Kasuskonversion 36, 96, 98, 100
Kasuszuweisung 115
Kategorie 19, 20, 26, 32, 35, 36, 114
Kausalbestimmung 40
Kausalsatz 49, 50
Kern (s. Kopf)
Kernsatz (s. Verb-Zweit)
Kette 69
Ketten 67
Klammer (s. linke Satzklammer, rechte Satzklammer)
Komparation 21, 66
Komparativ 21
Komparativsatz 82
Komplement 13, 26–32, 39, 65, 95
Komplementsatz 43, 49
komplexer Satz 32
komplexes Vorfeld 103
Konditional 50
Konditionalbestimmung 40
Konditionalsatz 46, 49, 82, 93
Kongruenz 36, 97
Konjugation 22, 77, 78
Konjunktion 21, 23–25, 32, 43, 53, 54
Konjunktionaladverb 24, 25
Konjunktiv 22, 77–85, 89
Konjunktivform 82, 83
Konkreta 22
Konsekutivbestimmung 40

Konsekutivsatz 49, 50, 82
Konstituente 11–18, 25, 26, 35, 40, 44, 45, 53–57, 62, 64, 107, 113
Konstituentenfrage 33, 45, 54, 109
Konstituentenstruktur 11
Konstituententest 12–17
Kontrolle 115
Konversion (s. Kasuskonversion)
Konzessiv 50
Konzessivbestimmung 40
Konzessivsatz 49
Koordination 17, 69, 114
Koordinationspartikel (s. Partikel)
Koordinationsposition 56
Kopf 26, 27, 32, 42, 95
kopffinal 27–30
kopfinitial 27–29
Kopulaverb 23, 41
Koreferenz 107, 112
Korrelat (s. auch *es*) 47, 110, 112
kriegen-Passiv (s. *bekommen*-Passiv)

L
lexikalische Kategorie (s. Wortart)
lexikalischer Kasus 97–99
Lexikon 95, 97
linke Klammer (s. linke Satzklammer)
linke Satzklammer 33, 53, 54, 56, 72, 74
Linkstilgung (s. Gapping)
Linksversetzung 56
lokal 24
Lokaladverbial 43
Lokalbestimmung 40
Lokalität 39
Lokalsatz 49, 50

M
Markiertheit 57
Maskulin 21, 22
Matrixsatz 113, 115
Matrixverb 32, 81
Medialkonstruktion 22, 111
Mehrdeutigkeit (s. Ambiguität)
Merkmal 9, 19, 62, 96
Mitteilungszentrum 60

Mittelfeld 53, 54, 57–64, 103, 109, 110, 113
Modalbestimmung 40
Modalpartikel 25
Modalsatz 49, 50
Modalverb 23, 60, 66, 71, 72, 75, 80, 93
Modus 22, 23, 66, 77, 78, 80, 81, 92
Morphem 9
Morphologie 9

N
Nachfeld 53, 56, 63
Nachfeldbesetzung 54, 63, 64
Nebensatz 25, 29, 32, 46, 48, 53, 96, 98, 109, 112, 113
Nebensatzkonjunktion (s. subordinierende Konjunktion)
Negationspartikel 25
Neutrum 21, 22, 108
nicht-finit (s. Infinitiv)
Nomen (s. Substantiv)
Nominalisierung 36, 103
Nominalphrase 19, 24, 27, 41–43, 107, 114
Nominativ 21, 35–36, 38, 41, 95–99, 111, 115
Normalabfolge 62
Normalbetonung 62
NP (s. Nominalphrase)
Nullsubjekt 115
Numerale 26
Numerus 21–23, 36, 42, 56, 66, 114

O
ob (s. *daß*-Satz) 54
Oberfeld 70, 71–73, 75
Objekt 19, 35, 39–41, 53, 58, 60, 96, 98, 100, 109, 112
Objektkontrolle 115, 116
Objektsattribut 44
Objektsatz 32, 46, 54, 63, 110
Objektsprädikativ 41
Optativsatz 33

P

parenthetisch (s. nicht-restriktiv)
Parordinationsposition 56
Partikel (s. Antwortpartikel, Fokuspartikel, Gliederungspartikel, Gradpartikel, Modalpartikel, Negationspartikel) 18, 23, 25, 26, 30, 56
Partizip (s. Perfektpartizip, Präsenspartizip)
Partizip I (s. Präsenspartizip)
Partizipialattribut 44
Partizip II (s. Perfektpartizip)
Partizipium 65, 66
Partizip Perfekt (s. Perfektpartizip)
Partizip Präsens (s. Präsenspartizip)
Passiv 22, 36, 38, 39, 95–98, 100, 102, 111, 114
Passivbildung 95, 100
Passivierung 98
Perfekt 22, 78, 79, 82, 85–89, 92, 101
Perfektauxiliar 104
Perfektbildung 101, 104
Perfektpartizip 44, 66, 71, 72, 74, 75, 78, 96, 101, 104
Permutation 12, 14
Permutationstest (s. Permutation)
Person 21–23, 36, 37, 39, 66, 98, 108, 112, 114
Personalpronomen 37, 93, 107, 108, 112, 113
Pertinenzdativ 38
Perzeptionsverb (s. Wahrnehmungsverb)
Phonetik 9
Phonologie 9
phrasale Kategorie 19, 32, 35
Phrase 9, 26, 36, 96, 113, 114
Phrasenkategorie 26, 32
Phrasenstruktur 10, 27
Phrasentyp 19
Platzhalter s. *es* 109–112
Plural 21, 22, 112
Plusquamperfekt 78, 79, 82, 86–89, 92
Positiv 21
Possessiv 36, 113
Possessivpronomen 38, 107, 113
Postposition 28

PP (s. Präpositionalphrase) 23, 28, 37, 38, 39
Prädikat 23, 35, 39, 44
Prädikation 41, 102
Prädikativ 19, 23, 41, 42, 44, 109
prädikatives Adjektiv (s. Adjektiv)
Prädikatsnomen 41
Präposition 14, 21, 23, 24, 28, 39, 67, 69
Präpositionalattribut 43
Präpositionalkorrelat 47
Präpositionalobjekt 39, 47, 57, 58, 61
Präpositionalphrase (s. PP) 16, 28, 39
Präsens 22, 77–79, 82, 84, 86, 92, 104
Präsenspartizip 44, 66, 78
präskriptive Grammatik 10
Präteritum 22, 77–79, 82, 84, 86, 87, 89, 92
pro (s. Nullsubjekt)
PRO (s. Kontrolle)
Pronomen 14, 20–22, 37, 40, 57, 61, 107–109, 112–114
Pronominaladverb 107
Pronominalisierung 12, 14
Pronominalisierungstest (s. Pronominalisierung)

R

Rangfolge 67
rechte Klammer (s. rechte Satzklammer)
rechte Satzklammer 53, 54, 65, 70–75
Reduktion 12, 16
referentieller Ausdruck 108, 112, 114
Reflexivpronomen 107, 108, 112, 114
Reflexivum 114
reiner Infinitiv 66, 71, 74
Rektion 67
Relativpronomen 43, 54, 107
Relativsatz 13, 18, 33, 43, 47, 48, 54, 56, 64
restriktiv 47
Resultativprädikation (s. *bekommen*-Passiv) 102
Rezipientenpassiv 38
Reziprokpronomen 107, 108, 114
Rhema 58

S

Satz 9, 10, 20, 21, 24–25, 29, 32–33, 41, 44–46, 53, 56–59, 62, 71, 73, 96–98, 108–110, 112–115
Satzadverb 24, 80, 81
Satzakzent 25
Satzart 33, 35, 44
Satzform 32
Satzglied 35, 39, 41–44, 57–59, 61
Satzgliedattribut (s. Attribut)
Satzgliedfunktion 35
Satzgliedrolle 108
Satzgliedstellung 58
Satzgliedteil 43
Satzklammer (s. linke Satzklammer, rechte Satzklammer)
Satzklammerbedingung 59, 60
Satztyp 32, 33, 35, 44, 53
Schlußfeld (s. rechte Satzklammer)
sein (s. Auxiliarselektion) 67, 75, 101, 104, 105
Semantik 9, 39, 60
Singular 21, 22, 36, 108
SOV-Sprache 28
Spannsatz (s. Verb-End)
Spracherwerb 10, 95
Sprechzeit 83–91
Status 65, 67, 69, 70, 73, 74
Statuskongruenz 69
Statusrektion 65, 67, 70, 73
Stirnsatz (s. Verb-Erst)
struktureller Kasus 96–98
strukturelles Argument 97–99, 111
Subjekt 16, 19–21, 23, 32, 35, 36, 38, 41, 44, 47, 58, 93, 95–98, 100, 102, 103, 108–111, 113–116
Subjekthelligkeit 113
Subjektkontrolle 115
Subjektsargument 111, 115
Subjektsattribut 44
Subjektsatz 36, 46, 63, 64
Subjektskasus 95, 96
Subjektsprädikativ 41
Subjunktion 25
subordinierende Konjunktion 25
Substantiv 19–22, 41, 49, 61, 67, 103, 107
Substitution 12, 15
Substitutionstest 15
Substitutivsatz 49, 51
Suffix 103
Superlativ 21
Supinum 65, 66
syntaktische Funktion (s. Funktion)
syntaktische Kategorie (s. Kategorie)
Syntax 9

T

Temporaladverb ab 43
Temporalattribut 43
Temporalbestimmung 40
Temporalsatz 49
Tempus 22, 23, 39, 66, 77, 78, 82–84, 86–90, 92
Tempusform 92
Tempussystem 90
Thema 58, 60
Tilgung 12, 15, 16, 37, 98
Topik (s. Thema)
topologisch 53
topologische Felder 53
transitiv 28, 96, 98, 99, 100, 101, 104

U

unbestimmter Artikel (s. Artikel)
unpersönlich 111
unpersönliches Passiv 100, 102, 111
Unterfeld 70, 71, 72

V

Verb 12, 13, 15, 19, 21–23, 28–37, 39, 44–46, 53, 54, 60, 62, 65–67, 70–75, 77, 93, 95–105, 110, 111, 114
Verb-End (s. Verbstellung) 29, 45, 46, 53, 70
Verb-End-Position 46
Verb-End-Satz 34
Verb-Erst (s. Verbstellung) 29, 44–46, 53, 54
Verb-Erst-Satz 34
Verb-Letzt (s. Verb-End)
Verb-Zweit (s. Verbstellung) 29, 34, 44, 45, 48, 53, 72, 109, 110

Verb-Zweit-Satz 34, 72, 110
verbale Klammer (s. linke Satzklammer, rechte Satzklammer)
Verbalphrase 19, 28, 29, 54, 103, 109, 112
Verbstellung 29
Vollverb 23, 67, 103
Vor-Vorfeld 56
Vorfeld 12–14, 20, 34, 53, 54, 56, 64, 103, 109–111
Vorfeldbesetzung 12, 32
Vorfeldposition 108–110
VP (s. Verbalphrase)

W
W-Element 14, 15
W-Frage (s. Konstituentenfrage) 33
Wackernagelposition 57, 61
Wahrnehmungsverb 73
weil 54
weiterführende Relativsatz 48
Wetterverben 111
Wunschsatz (s. Optativsatz) 33, 46

Z
Zirkumposition 24, 28
'zu'-Infinitiv (s. 2. Status) 67, 74, 115